GUILLAUME DE HUMBOLDT

ET

CAROLINE DE HUMBOLDT

(NÉE DE DACHERÖDEN)

LETTRES A GEOFFROI SCHWEIGHÆUSER

Traduites et annotées sur les originaux inédits

PAR

A. LAQUIANTE

BERGER-LEVRAULT ET Cie, ÉDITEURS

PARIS | NANCY
5, RUE DES BEAUX-ARTS | 18, RUE DES GLACIS

1893

Tous droits réservés

LETTRES INÉDITES

DE

GUILLAUME DE HUMBOLDT

ET DE CAROLINE DE HUMBOLDT

(NÉE DE DACHERÖDEN)

Les lettres autographes de Guillaume de Humboldt et de Mme de Humboldt, née Caroline de Dacheröden, à Geoffroi Schweighæuser font partie de la bibliothèque de M. Charles Mehl, qui a bien voulu en autoriser la traduction.

Cette correspondance et un grand nombre d'autres lettres, adressées à Jean et à Geoffroi Schweighæuser, ont passé dans les cartons de ce collectionneur à la mort du petit-fils et neveu de ces deux savants, Alfred Schweighæuser, archiviste-paléographe, ancien bibliothécaire et archiviste de la ville de Strasbourg, ami intime de M. Mehl.

GUILLAUME DE HUMBOLDT

CAROLINE DE HUMBOLDT

(NÉE DE DACHERÖDEN)

GUILLAUME DE HUMBOLDT

ET

CAROLINE DE HUMBOLDT

(NÉE DE DACHERÖDEN)

LETTRES A GEOFFROI SCHWEIGHÆUSER

Traduites et annotées sur les originaux inédits

PAR

A. LAQUIANTE

BERGER-LEVRAULT ET Cⁱᵉ, ÉDITEURS

PARIS	NANCY
5, RUE DES BEAUX-ARTS	18, RUE DES GLACIS

1893

Tous droits réservés

Le nom des signataires des lettres que nous publions devrait, à lui seul, leur servir d'introduction auprès du public lettré. Mais s'il est permis d'avancer que, même en Allemagne, Guillaume de Humboldt a été longtemps plus cité que vraiment connu, on peut affirmer qu'en France, son frère puîné Alexandre, le grand voyageur, a concentré trop exclusivement l'attention, bien qu'il soit, à notre avis, inférieur à son aîné pour la force de pénétration de l'analyse, comme pour la puissance de la synthèse. Que l'on compare en effet les ouvrages dans lesquels ils ont voulu, l'un et l'autre, systématiser les résultats de leur savoir, et l'on s'assurera que le *Cosmos* d'Alexandre, dénué d'un plan vigoureusement conçu, ne peut être mis en parallèle à cet égard avec l'*Introduction* du livre sur la langue *Kawi,* dont l'ampleur et la profondeur égalent la belle ordonnance.

Nous croyons donc opportun de sortir du rôle de simple éditeur de textes et d'esquisser les trois personnalités mises en relief par la présente publication. Notre pensée n'est pas d'étudier dans G. Humboldt l'homme d'État, ni de procéder à une dissection philologique du savant ; les livres des R. Haym et des H. Steinthal, pour ne citer que les plus marquants, peuvent satisfaire les esprits plus difficiles. Nous ne nous attachons qu'à sa physionomie morale, en résumant brièvement sa vie.

Une nature froide, un caractère réservé mais très porté à la raillerie, des tendances idéalistes taxées d'aristocratiques, des travaux d'une extrême subtilité, ne constituent pas un ensemble fait pour frapper les imaginations et susciter les sympathies publiques. Bienveillant par instinct, impartial par principes, plein de foi, comme les « gens éclairés » tenant au xviii° siècle, dans les destinées progressives de l'humanité, Humboldt, scrutant les « Origines » à l'aide d'une philologie élevée par lui à la hauteur d'une philosophie du langage et touchant ainsi aux problèmes de la métaphysique, s'est maintenu dans une sphère d'idées générales que l'on n'atteint pas sans un certain effort. Non pas qu'il ait négligé systématiquement l'individu au profit de l'espèce. L'observation et le classement des caractères furent, dès sa jeunesse, une de ses occupations favorites[1], et l'on peut ajouter qu'au point de vue politique, l'indépendance individuelle n'a pas eu d'avocat sinon plus chaleureux, du moins plus convaincu[2]. Il n'eût pas été de son siècle, s'il avait déserté la cause de l'exaltation de l'individu, au détriment même de l'intérêt public. Mais le savant idéaliste n'était enclin, ni par goût ni par tempérament, à se jeter dans la mêlée où se heurtent les pas-

---

1. *Briefe an eine Freundin* (Lettres à une amie); lettre 24ᵉ, 1ʳᵉ partie, et lettre 30ᵉ, 2ᵉ partie.

2. *Ideen über Staatsverfassung*, 1792 (Idées sur la constitution de l'État). — *Ideen zu einem Versuche die Grenzen der Wirksamkeit des Staates zu bestimmen* (Essai sur les limites de l'action de l'État), publié intégralement, en 1851 seulement, et son testament de politique libéral: *Denkschrift über Preussens ständische Verfassung* (Mémoire sur les états représentatifs prussiens).

sions et les intérêts. S'il posait comme règle que tout homme doit chercher à s'élever, à se compléter et à agir sur l'humanité, il estimait que la tâche est remplie dès que l'on agit sur soi-même; le perfectionnement individuel contribuant virtuellement au bien général[1]. A bien le prendre, ce n'est pas là un axiome aristocratique dans le sens strict; c'est plutôt, ainsi que l'a finement noté R. Haym[2], une formule « timocratique » (timocratie, règne des supériorités) que le public a pu entendre, sans qu'il y ait lieu de s'en étonner, comme la profession de foi d'un idéalisme dédaigneux.

A diverses reprises, Humboldt a quitté les *templa serena* des « Idées » pour mettre la main aux affaires, et il a montré, dans ces circonstances, une habileté pratique, une sûreté de vues surprenantes chez une nature aussi méditative. Néanmoins son détachement philosophique ne lui permettait pas d'apporter dans la lutte l'opiniâtreté passionnée qui est le privilège

---

1. Lettre à Forster, février 1790.
2. Robert Haym, *W. von Humboldt. Lebensbild und Charakteristik* (Biographie et caractéristique). 2 vol. Berlin, 1856.

des grands meneurs d'hommes. Si émouvants qu'aient été les événements du commencement de ce siècle dans lesquels il est intervenu, ces événements restaient pour lui des stades de l'histoire universelle [1]. Le sang-froid du contemplateur neutralisait l'élan de l'acteur et, les moments de crise passés, le philosophe retournait à ses « Idées », laissant autour de lui l'impression d'une œuvre inachevée, malgré l'importance des services rendus. *Suum cuique :* le diplomate et ministre idéaliste n'avait pas été pétri dans l'argile d'un « chancelier de fer » et l'helléniste avait trop médité le γνῶθι σέαυτον pour s'aventurer au delà de certaines limites. Plusieurs de ses biographes allemands nous semblent mal fondés à lui reprocher d'avoir pratiqué le conseil : « Ne forçons point notre talent ». Toute proportion gardée, autant faire un crime à Platon de n'avoir pas été un Périclès!

Si les idées maîtresses de cette vie n'ont pas varié, leurs manifestations peuvent se classer suivant trois périodes.

---

1. Voir notamment lettre XXV, du 29 août 1807, ci-après.

Jusqu'à l'âge de trente-deux ans (1799), première période que nous qualifierons : phase de dilettantisme. En littérature, en histoire, en philosophie, Humboldt assemble, ordonne, médite ; il n'a pas d'objectif scientifique déterminé.

Depuis 1802 : période diplomatique et politique. Tout d'abord, dès le voyage d'Espagne de 1799, s'est prononcée la vocation linguistique ; mais le but, désormais immuable, ne sera poursuivi qu'avec un certain nonchaloir, en s'arrêtant à cueillir les fleurs qu'offriront les sentiers latéraux de l'art et de l'érudition. Après six ans — 1802-1808 — passés sous le ciel enchanteur de la Campagne romaine, se révèle l'homme d'État et, jusqu'en 1819, la linguistique reste à l'arrière-plan, sans être cependant perdue de vue.

Enfin, seize années (1819-1835) sont consacrées uniquement à la science. L'automne de sa vie s'écoule, comme son printemps, dans la sérénité de la pensée.

Lorsque le fils aîné du major de Humboldt, chambellan de Frédéric II, quittait Berlin en

1787, à l'âge de vingt ans, pour suivre les Universités, son esprit et son cœur avaient déjà reçu une double culture, empreinte de l'esprit de l'époque. Son raisonnement s'était exercé dans un commerce assidu avec les coryphées des lettres et de la philosophie : les Engel, les Biester, les Friedländer, les Mendelssohn ; son cœur s'était initié à la sensibilité artificielle dans ce monde bizarre, mal équilibré, portion véreuse de l'héritage de Frédéric, qu'éblouissait la Junon israélite, H. Herz. Cette femme, magnifique produit d'un croisement de sang portugais et de sang français, infiniment moins douée, surtout moins recommandable que sa future rivale d'influence mondaine, Rachel Levin, autre fleur de Juda, présidait la « ligue de la vertu ». Dans cette franc-maçonnerie puérile, la sublimité du sentiment excluait le devoir comme un apanage des natures inférieures ; on devine qu'elle n'opposait pas une barrière infranchissable aux égarements. Le jeune idéaliste avait tenu sa place, avec sa sentimentalité un peu guindée, dans cette province allemande du *Pays de Tendre*, et les indices d'un développement parallèle de la raison et du sentiment pourront se reconnaître dans tout ce qui sortira de sa plume.

A Gœttingue, il suivait, avec son ardeur accoutumée pour l'étude, les enseignements des historiens Schlœzer et Spittler, et ceux de Heyne, l'helléniste novateur, quand la nouvelle de la prise de la Bastille mit en émoi la docte petite ville hanovrienne. L'événement eut un retentissement sympathique parmi les quinze cents auditeurs de la *Georgina Augusta* et, dès le 17 juillet, Humboldt partait pour Paris, allant « assister aux funérailles du despotisme », comme le dit dans ses *Lettres de Paris* (1790) le candide Campe, son compagnon de route, qui avait été le premier maître de son enfance. Il est douteux que le jeune homme, toujours si réfléchi, ait rapporté de son séjour de trois semaines (3 août au 27) dans la grande ville, les impressions enthousiastes du pédagogue[1]. Un esprit aussi conséquent dans son développement devait

---

[1]. Vers le 20 septembre, Forster écrit à Heyne : « Le voyageur G. Humboldt est encore avec nous. Il ne parle plus de la *liberté de Paris*, — ne pas confondre avec la *liberté du Paradis*, — mais il nous aide cependant à épicer la vie, qui serait

déjà porter en germe la pensée qu'il développera, dix ans plus tard — après le 18 Brumaire — dans une pièce de vers, datée de la *Sierra Morena* et adressée au fils qu'il espérait : « Mais les lâches perdent leurs forces à la moitié de l'entreprise ; découragés, ils abandonnent ce qu'ils ont acquis au prix de leur sang ; ils aspirent au repos et oublient follement que la seule vaillance triomphe des colères du Destin. C'est ainsi qu'ils ont profané pour toi la céleste Liberté : ils l'ont plantée, sans réfléchir, dans un sol incapable de la porter. La Fille du ciel ne prodigue pas ainsi ses moissons dorées ; les bras d'une race forte sont seuls dignes de les cueillir. » — Du reste, sous des formes courtoises, Humboldt a eu le sentiment national assez exclusif : l'idiome de son pays est le seul dont le génie rivalise avec celui de la langue d'Homère ; ses compatriotes sont seuls à avoir de véritables aptitudes philosophiques, comme ils sont seuls à posséder le vrai sens

---

vraiment insipide sans certains assaisonnements. » — Forster fait, avec *parisische Freiheit* et *paradisische Freiheit*, un jeu de mots difficile à rendre en français.

dramatique [1]. L'hégémonie intellectuelle leur revient et la « race forte », digne de cueillir « les moissons dorées de la liberté », est évidemment celle à laquelle il appartient.

A son retour, l'étudiant s'arrêtait à Erfurt et faisait la rencontre qui devait assurer son bonheur intime.

Erfurt, dépendance de l'électorat de Mayence, était gouverné par l'abbé baron Dalberg, coadjuteur de l'archevêque-électeur. Instruit, affable, tolérant, le prélat réunissait autour de lui une sorte de cour modeste d'allures, mais attrayante pour les gens d'esprit. On distinguait dans l'entourage épiscopal Caroline de Dacheröden, fille du président de la chambre des finances, allié au coadjuteur. Elle n'était pas une beauté parfaite : une légère déviation de la taille rompait l'harmonie de sa personne, mais sa tête était charmante. De beaux cheveux châtains encadraient son front intelligent; ses yeux avaient un éclat et une expression extraordinaires; sa

---

1. Voir son Essai en forme de lettre, paru anonyme dans les *Propylées* de Gœthe, 1800 : *Sur la scène tragique française actuelle*, et sa lettre du 6 juillet 1803. ci-après.

bouche était fine et spirituelle et son esprit virilement cultivé pouvait se mesurer avec celui de son futur mari; son affabilité était des plus gracieuses[1]. Elle fit une vive impression sur le voyageur et des relations communes à Berlin où, comme tant d'autres, Caroline de Dacheröden s'était fourvoyée un instant dans la fameuse « ligue de la vertu », facilitèrent le rapprochement; les fiançailles furent célébrées au bout de quelques semaines. Mais le mariage, tout d'inclination, n'eut lieu qu'au mois de juillet 1791; dans l'intervalle, G. de Humboldt avait dû passer un an à Berlin, afin d'entrer en carrière. Son stage terminé, pourvu du titre de conseiller de légation, il prit un congé, se maria et se retira à la campagne, désirant sans doute jouir de la solitude à deux, mais aussi, surtout peut-être, voulant satisfaire son goût pour la méditation studieuse.

Trois ans s'écoulèrent ainsi. Tandis que la guerre désolait les bords du Rhin, que la Terreur noyait dans le sang les illusions du bon

---

1. Voir à l'appendice n° 1, l'extrait d'une lettre du marquis de Custine, qui montre ce que la jeune fille était devenue vingt-six ans plus tard.

Campe, le penseur de vingt-cinq ans élaborait ses *Idées sur la constitution de l'État* (sous forme de lettre), et publiait des fragments de son *Essai sur les limites de l'action de l'État*. Mais son occupation capitale, celle qui répondait plus spécialement à ses conceptions sociales, comme à ses préférences esthétiques, était l'étude approfondie de la Grèce, sous la direction de son ami Wolff, le célèbre philologue de Halle : chez les Hellènes, il retrouvait en effet son type idéal du développement harmonieux et libre de l'individu. Peut-être songera-t-il plus tard, non sans une pointe de remords, à cette époque de sa vie, quand il écrira à Henriette Herz, après la catastrophe de 1806 : « Oui, nous sommes malheureux…, mais la cause de notre malheur était dans notre insouciance d'alors. »

En 1794, commença, à Iéna, sa grande intimité avec Schiller et Gœthe. Mme de Humboldt, fort liée avec les demoiselles de Lengefeld, l'une femme, l'autre (Mme de Wolzogen dont il sera question dans nos lettres) belle-sœur de Schiller, désirait se rapprocher de ses amies et son mari, qui avait eu des occasions antérieures de voir et d'apprécier le barde de l'idéalisme, dut être séduit par la perspective d'une rencontre avec les protagonistes du mouvement littéraire. Le jeune ménage quitta donc sa résidence saxonne de Burgörner et vint s'établir dans la florissante Université. La haute culture, la finesse du sens critique, la fécondité de pensée du nouveau venu frappèrent les demi-dieux du Parnasse et ces trois hommes de génie si divers formèrent une étroite association, dans laquelle Humboldt apportait au moins autant qu'il recevait[1]. En songeant à leurs entretiens où se discutaient, pendant les longues soirées d'hiver, les principes de l'art et de la philosophie kantienne, on se reporte involontairement aux dialogues célèbres des bords de l'Ilissus, — moins la lumière vivifiante de l'Attique. Ce soleil du midi manquait aussi à Humboldt; les improvisations des aèdes germaniques étaient impuissantes à combattre la nostalgie de l'Italie. Il partit avec

---

1. Voir à ce sujet sa dissertation sur *Hermann et Dorothée* de Gœthe (1798) et son *Introduction à la correspondance avec Schiller*, publiée par lui-même en 1830.

sa famille, en août 1797, après la mort de sa mère.

La première étape était franchie, on se reposait à Vienne, lorsque des bruits inquiétants sur la sécurité dans les pays transalpins firent modifier l'itinéraire : provisoirement, la brumeuse Lutèce remplaça la Ville éternelle comme terme de voyage. Les Humboldt arrivèrent à Paris, en novembre, avec leurs trois enfants, Caroline, Guillaume, Théodore, dont il est parlé fréquemment dans les lettres à Schweighæuser.

Le moment était propice : la société parisienne délivrée de la Terreur, peu soucieuse du Directoire et de sa république corinthienne, revenait à ses anciennes et aimables habitudes. Parmi les Allemands du Nord à qui la paix de 1795 avait rouvert le chemin de la France, les arrivants étaient assurément, par leur culture, leur fortune, leur usage du monde, en situation de goûter, mieux que tous autres, le charme de ce renouveau social.

Ils se trouvèrent bientôt en relations suivies avec les hommes restés fidèles, malgré la tourmente, aux sciences et aux lettres. Leur appartement[1] devint le rendez-vous de gens de lettres comme Suard, dirigeant le *Publiciste* et les *Archives littéraires de l'Europe*, de Vanderbourg, le loyal éditeur des poésies de Clotilde de Surville; de philosophes ou candidats philosophes comme Villers, Gérando, le moraliste Morel de Vindé; d'érudits, comme Van Praet, ce modèle des bibliothécaires, Millin, le laborieux rédacteur en chef du *Magasin encyclopédique*, Petit-Radel poussant des reconnaissances dans le domaine préhistorique assez dédaigné par Humboldt; d'hellénistes, comme le Franco-Allemand Bitaubé, le baron de Sainte-Croix, le diplomate philologue Bast, et Hase, récent transfuge besogneux de l'Université d'Iéna. D'autres notabilités, françaises ou étrangères, mondaines ou artistiques, affluaient : Camille Jordan, l'inséparable de Gérando; Lucien Bonaparte; le marquis de Jaucourt; Rœderer; le comte de Schlabrendorff, prototype épuré d'Anacharsis Clootz, aussi amoureux de discussion que Humboldt; W. de Burgsdorf, un des premiers appréciateurs

---

1. Les Humboldt habitèrent en premier lieu l'hôtel de Boston qui existe encore aujourd'hui rue Louis-le-Grand.

de Rachel Levin, qu'il aurait pu revoir dans ce salon, lors du voyage qu'elle fit à Paris, en septembre 1800, dans le plein épanouissement de son charme calmant subi par l'olympien Gœthe, aussi bien que par le spirituel mauvais sujet, Frédéric de Genz. La liste des visiteurs serait longue à épuiser ; nous ne citons que ceux dont les noms reviennent dans nos lettres.

Au milieu du cercle charmé par « les yeux d'enfant » et par l'esprit enjoué de Mme de Humboldt, fasciné par la verve étincelante de son mari, trônait la retentissante Mme de Staël. Mme Récamier y montrait sa radieuse beauté et dans une pénombre discrète se tenait la compagne de Gérando, Annette de Rathsamhausen, à qui sa forte éducation et son origine alsacienne eussent permis de briller dans les deux camps, germain et gaulois, si elle n'eût pas visé à n'être qu'une « bonne femme », — ce qu'elle a été réellement. *Corinne* accaparait Humboldt, toujours curieux de « l'éternel féminin », et se faisait guider dans l'étude de l'allemand[1]. Leurs

---

1. *Briefe an eine Freundin* (Lettres à une amie). Lettre 35e, 2e partie. Voir appendice n° 6.

conférences devaient offrir un contraste piquant entre le calme de l'infatigable analyste et la spontanéité impétueuse de l'élève. La femme qui écrivit plus tard le livre *l'Allemagne* a certainement tiré un tout autre profit de ses conversations avec celui dont elle dit : « Il est difficile de rencontrer nulle part un homme dont l'entretien et les écrits supposent plus de connaissances et d'idées[1] », que de ses rapports avec Villers, médiocre traducteur et commentateur de Kant, — si sommairement exécuté par Humboldt dans une de nos lettres[2].

Les Humboldt s'acclimatèrent tout à fait à Paris. Ils y ont résidé jusqu'à l'automne de 1801, sauf le temps d'un voyage en Espagne (mi-août 1799-mi-avril 1800). En juin 1801, ils semblaient si bien installés dans leur second appartement, hôtel Vauban, rue Saint-Honoré, que l'on prétendait, à Weimar, qu'il fallait renoncer à les revoir en Allemagne[3].

---

1. *Corinne*, livre I, *in fine*. Note.
2. Lettre IX du 21 octobre 1801, ci-après.
3. Lettre VIII, de Mme de Humboldt, 24 prairial (13 juin) 1801, ci-après.

— XXII —

Le bon souvenir laissé par ce séjour de près de quatre ans se reflète dans les premières lettres écrites, de Berlin, à Schweighæuser et les préférences parisiennes persistantes de Mme Humboldt sont, plus tard, l'objet d'une aimable allusion de la part de son mari. Dans l'été de 1804, malgré les jouissances artistiques qu'elle saura trouver dans sa résidence de Rome, elle ne résistera pas au désir de passer quelques mois à Paris[1].

Les débuts de notre correspondance se rapportent à ce temps parisien. Elle s'adresse à un jeune érudit, entré dans la maison des Humboldt comme précepteur, vers l'automne 1798. Fils du professeur strasbourgeois Jean Schweighæuser, le savant éditeur d'Athénée, Appien, Polybe; protégé par les hellénistes de l'Institut, Geoffroi (né en 1777) n'avait pu être accueilli qu'à bras ouverts par un père de famille philhellène passionné. Il se recommandait d'ailleurs lui-même : ouvert et affable, d'humeur riante, de physionomie spirituelle, de façons gracieuses,

---

[1]. Lettre XVIII de G. de Humboldt du 21 juin 1804, ci-après.

il n'avait rien du Vadius ni du Trissotin, bien que nourri de grec dès le berceau[1]. Il avait donné des preuves d'un savoir réel : envoyé à Paris, par son père, pour collationner des manuscrits et chargé de faire, en son nom, une lecture à l'Institut, il avait produit l'impression la plus favorable sur le docte auditoire ; — une de nos lettres montre que cette bonne opinion fut durable[2].

Introduit dans un milieu aussi intellectuel, traité par le maître de la maison, son aîné de dix ans à peine, comme un fils adoptif; sympathisant avec la séduisante dame du logis dont la sentimentalité parfois nuageuse correspondait à certains côtés romanesques du jeune Alsacien, le précepteur avait toutes les satisfactions de l'esprit et du cœur. Les exigences du service militaire mirent brutalement un terme à cette *vita beata*[3]. Le pauvre conscrit dut quitter Paris,

---

1. Un journal tenu par Geoffroi enfant, que nous avons sous les yeux, témoignerait au besoin que nous n'exagérons pas en parlant de ce grec hâtif.
2. Lettre II de G. de Humboldt du 21 thermidor an VII (8 août 1799).
3. Voir l'appendice n° 2.

renoncer au beau voyage d'Espagne que Humboldt allait entreprendre en famille et s'enfermer à Strasbourg, dans les bureaux d'un commissaire des vivres. Une séparation imposée dans ces conditions ne pouvait briser les rapports entre personnes d'inclinations aussi réciproques; la correspondance suscitée par la désagréable affaire du recrutement continua et s'établit pour de longues années.

L'attachement de Geoffroi envers ses nobles patrons est toujours resté aussi vif qu'aux premiers jours. Nous n'avons pas ses lettres, mais les réponses qu'on lui adresse sont explicites à cet égard. De leur côté, les Humboldt, mari et femme, n'ont cessé de prendre un intérêt vraiment affectueux aux péripéties de la carrière de leur ami contraint, après sa libération du service, de chercher au loin, dans le préceptorat, des ressources contre la triste *res angusta domi*. Ils l'assistent de leurs avis et de leurs encouragements, jusqu'au moment où il se marie et supplée son père dans la chaire de grec de la Faculté de Strasbourg.

Dans les commencements de la correspondance, Humboldt s'occupe de l'emploi du temps de Geoffroi ; il lui trace des plans d'études et l'éclaire sur la marche à suivre pour réussir. Appelé plus tard aux postes élevés de la diplomatie[1], il trouvera toujours le loisir de discuter, en usant des formes les plus délicates, les travaux entrepris par le précepteur avec une activité inquiète, doucement relevée par son mentor[2]. Il traite alors son jeune correspondant sur pied d'égalité, en véritable confrère scientifique[3]. Plus d'un quart de siècle se passe et l'on reconnaît que Humboldt avait dit vrai, en écrivant dès 1799 : « Vous trouverez chez peu de personnes, soyez-en persuadé, des sentiments aussi invariables que les nôtres[4]. »

Ce sont les documents de cette amitié que nous avons compulsés. Parmi les feuillets couverts par l'écriture fine, rapide, correctement alignée du savant ou par les lignes plus négli-

---

1. G. de Humboldt fut nommé *Envoyé résident* de Prusse à Rome, le 15 mai 1802 ; c'est son début diplomatique. Le 30 mars 1805, lui fut conféré le titre de *Ministre résident*.
2. Lettre XIX de G. de Humboldt du 8 juin 1805.
3. Lettre XXVI de G. de Humboldt du 4 novembre 1807.
4. Lettre III du 18 novembre 1799.

gemment sorties de la plume de sa femme, nous avons choisi ceux qui nous ont semblé pouvoir intéresser les lecteurs français. Notre série épistolaire n'a sans doute ni la valeur esthétique de la *Correspondance avec Schiller*, ni l'intérêt psychologique et pénétrant des *Lettres à une amie*[1], les deux recueils qui font découvrir l'homme sous le diplomate philologue. Moins abstraite et plus érudite que le premier, moins idéologique et plus familière que le second, elle garde l'intérêt qu'impriment à ce qu'ils écrivent un esprit de haute portée et une femme supérieurement cultivée, à la façon du XVIIIe siècle. On sent d'ailleurs que les correspondants ont vécu sous le même toit et, chose rare, qu'ils se sont parfaitement accordés. Nous n'insisterons pas sur le ton de cordialité caressante, sur le naturel des lettres ; c'est un mérite que la traduction la plus scrupuleuse risque toujours de déflorer. Heureusement, elle ne saurait dénaturer ni la pensée féconde du mari, ni l'abandon spirituel de la femme qui

---

1. Les *Lettres à une amie* n'ont été publiées qu'en 1847.

affronte, à plusieurs reprises, les difficultés de la syntaxe française.

Embrassant, avec des lacunes qui n'interrompent pas sensiblement le cours des événements et l'enchaînement des idées, une période de vingt-six ans (1799-1825), nos lettres ne permettent pas seulement de suivre le sort respectif des amis séparés, elles jettent des lumières intéressantes sur l'assiette et sur le fonctionnement d'une intelligence d'élite, sur ses procédés de travail, sur ses jugements d'elle-même et des autres. Si, dans ses communications à un ami d'une discrétion éprouvée, le prudent diplomate ne hasarde que de très rares allusions aux événements, pour tout autre sujet il se donne libre cours. Sa correspondance fournit des indications positives sur le moment précis où il conçoit et arrête le plan d'études linguistiques qui sera la passion et la gloire de sa vie ; sur certains travaux inédits, notamment sur une « Histoire de la décadence des républiques grecques » qui, à la manière dont l'historien la concevait, serait devenue comme les Propylées de l'*Histoire grecque* de E. Curtius et un digne pendant du grand ouvrage de Gibbon[1]. Ailleurs se rencontrent de fines et parfois vives critiques littéraires, qui dénotent le dédain des sentiers battus; des dissertations philosophiques qui éclairent d'un jour curieux l'état de l'opinion, vers 1801, relativement à Kant et à Fichte, tenus alors en si médiocre estime, arrivés depuis à une vogue si prodigieuse; qui dévoilent enfin la pensée de l'écrivain à l'égard des plus subtiles questions de la métaphysique. Toutes ces improvisations épistolaires sont semées d'aperçus fins et profonds; le banal en est exclu. Et comme chez Humboldt — nous l'avons noté plus haut — le sentiment ne perd jamais ses droits, il faut signaler ses réflexions ingénieuses sur la nature italienne, sur le spectacle grandiose et mélancolique de Rome, — avant que la jeune Italie ne l'eût *hausmannisée*.

Pour un travailleur comme le Ministre de Prusse, les affaires de métier n'étaient qu'une bague au doigt. Il avait toute liberté pour admirer l'Italie en philosophe, en historien, en anti-

---

1. Lettre XXVI de G. de Humboldt du 4 novembre 1807.

quaire, — même en poète. Son élégie *Rom*[1], si abondante en idées, fait comprendre à quelles voluptés intellectuelles il s'abandonnait et l'insistance avec laquelle il revient, dans nos lettres, sur cette pièce plus poétique par l'inspiration que par la forme, montre à quel point son imagination et son cœur avaient été impressionnés. *Minime credulus postero*, dit-il, il se hâtait de jouir; sa sagacité ne lui permettait pas de se dissimuler que les conflits entre la papauté et l'empire français marchaient à une ἐπίκρισις, pour user de son mot. La captivité du Pape devait du reste transformer bientôt la sinécure diplomatique en superfétation, et Humboldt partait en congé pour l'Allemagne, le 14 octobre 1808, n'emmenant avec lui que son fils Théodore. Incertain sur l'avenir, il caressait l'espoir d'un retour dans « le pays sans pareil ».

Sa correspondance se ralentit à ce moment: il est, en effet, jeté subitement dans la fournaise officielle et « accablé d'affaires », comme il pourra l'écrire sans métaphore, le 16 juillet 1810.

---

1. Voir l'appendice n° 9.

L'impression dominante que laissent ces lettres datées de Rome est, après un hommage à un savoir aussi étendu qu'original, une sorte d'étonnement devant la sérénité constante du penseur. Sous le coup d'épreuves personnelles poignantes, — la mort de deux enfants, et des douleurs patriotiques non moins profondément ressenties, — son esprit se dégage naturellement du concret, pour se complaire dans « la région supérieure où les idées qui semblent, en tant qu'occupations scientifiques, le privilège du petit nombre, se simplifient singulièrement et se rattachent de nouveau à tout ce qui est humain[1] ». Les lettres des 18 juillet et 29 août 1807 écrites : la première, un mois après la bataille de Friedland qui achevait le désastre d'Iéna ; la seconde, six semaines après le traité de Tilsitt qui confirmait diplomatiquement l'abaissement de la Prusse, sont des exemples frappants de cette faculté d'abstraction. Le détachement n'ira cependant jamais jusqu'au quiétisme tant reproché à Gœthe : en 1813, Hum-

---

1. *Briefe an eine Freundin* (Lettres à une amie). Lettre 45e, 1re partie.

boldt enverra son fils Théodore, âgé de 16 ans, rejoindre les volontaires ; lui-même ne prouvera que trop, au gré d'un Français, l'ardeur de son patriotisme, dans cette phase de sa vie, au seuil de laquelle nous venons de le laisser.

Neuf lettres de Mme de Humboldt appartiennent à cette période antérieure à 1808. Outre leur valeur intrinsèque, elles forment une « contribution » intéressante pour reconstituer une personnalité sur le compte de laquelle la bibliographie est assez pauvre. Elles font mieux saisir, par des témoignages *propria manu*, ce qu'était cette tendance romanesque et nébuleuse — *romantisches Dämmerweben*, — que Varnhagen attribue à Caroline de Dacheröden, et confirment ce que l'on savait de son esprit naturel, de sa rare culture et de son caractère sympathique.

Au moment (24 mai 1809) où Mme de Humboldt annonce le départ de son mari à Geoffroi qui venait de suivre à Anvers, en qualité de secrétaire, M. Voyer d'Argenson, nommé par décret impérial préfet des Deux-Nèthes, l'ex-Ministre à Rome avait accepté une mission qu'il considérait comme essentielle au relèvement de son pays. Tandis que le Nassauvien Stein reconstituait l'administration, que le Hanovrien Scharnhorst réorganisait l'armée, Humboldt, toujours plus convaincu de la puissance des « Idées », se vouait à la réforme de l'instruction publique[1] et couronnait son œuvre de prédilection, en créant l'Université de Berlin, malgré les difficultés du temps, malgré les difficultés plus grandes de la contradiction[2]. Les dix-huit mois consacrés par lui à cette entreprise hardie ont été employés si judicieusement qu'aujourd'hui, après quatre-vingt-trois ans écoulés, l'impulsion donnée par l'homme qui semblait voué à l'abstraction idéologique n'est pas amortie.

La lettre du 26 février 1812 le montre ambassadeur à Vienne, revenant pendant une accalmie à ses livres et à ses manuscrits, mettant en œuvre, à l'intention de son frère, des matériaux pour l'étude des langues américaines. Mais bien-

---

1. Sa nomination officielle au poste de directeur de la section des cultes et de l'instruction publique, au ministère de l'intérieur, est datée de Kœnigsberg, le 20 février 1809.
2. Lettre XXXII du 16 juillet 1810.

tôt commence la mêlée des Congrès, non moins opiniâtre, non moins ardente que celle des champs de bataille. Humboldt y prend part avec une ténacité et une subtilité de dialectique que Talleyrand qualifie, non sans quelque raison, de « sophisme incarné ». En dépit de sa philosophie idéaliste, l'adjoint de Hardenberg suit les traditions du cabinet de Berlin consistant à dénoncer les ambitions hypothétiques de ses voisins, quitte à demander pour son compte des agrandissements territoriaux immédiats. C'est ainsi qu'au Congrès de Vienne, il se risque à formuler la question : « Que fait ici le droit public ? » Ce qui lui attire la réplique : « Il fait que vous y êtes ! » C'est ainsi que, plus tard, il réclamera la possession de Strasbourg et rédigera son *Mémoire pour servir de réfutation à celui du comte Capo d'Istria*, afin de démontrer l'opportunité d'un démembrement de la France[1].

Le 18 avril 1816, au milieu des interminables

---

1. Voir *Mémoires de Talleyrand*, t. II, *Correspondance avec le Roi*, Paris, 1891, et le *VII*ᵉ vol. des *Œuvres complètes* de G. de Humboldt.

débats de la commission des indemnités territoriales, réunie à Francfort, le Plénipotentiaire envoie un souvenir et un conseil à Schweighæuser, ébranlé dans sa nature nerveuse par tant d'événements si pénibles au patriotisme d'un habitant de la frontière. Revenu dans sa ville natale, Geoffroi suppléait alors son père dans la chaire de grec.

A la fin de 1819, Humboldt, dont l'indépendance d'opinion s'accordait mal avec les influences prépondérantes à Berlin, rentre définitivement dans la vie privée, comblé de distinctions honorifiques et de dotations territoriales. C'est un sentiment de satisfaction et de reconnaissance envers « le Destin » qui inspire sa lettre du 27 octobre 1823, le dernier autographe de sa main que nous ayons trouvé dans les papiers de Geoffroi.

Postérieurement à cette date, il existe quelques lettres de Mme de Humboldt, jusqu'au 16 novembre 1825. Elles n'ont qu'un intérêt tout intime : les détails sur son état maladif empirant, sur la faiblesse des yeux de son mari, sur ses enfants grandis et établis, envahissent la place occupée naguère par les impressions de voyage, par les réflexions sur l'art et la poésie. C'est toujours l'aimable correspondante d'Espagne et d'Italie, mais les forces vitales s'affaiblissent et se concentrent dans les affections de l'épouse et de la mère. Elle lutte vaillamment, jusqu'en 1829, contre un mal incurable et expire, le 26 mars, dans sa maison de Berlin, après quatre mois de vives souffrances, en pleine possession d'elle-même, assistée par son mari et par ses deux filles aînées : Caroline, sa préférée, et Adélaïde, née à Paris, dont la lettre du 1er novembre 1803 fait un si joli portrait. Ses restes reposent à Tegel, au pied d'une statue de l'Espérance, due au ciseau de Thorwaldsen.

Humboldt survécut six ans à sa femme[1]. Son veuvage s'est passé, presque sans interruption, dans sa chère retraite de Tegel, son Tusculum, au bord du lac de Spandau. Il y a vécu de souvenirs toujours vivants mais dépourvus d'amer-

---

1. Il a été publié sur ces dernières années de G. de H. un travail intéressant : *Aus W. v. Humboldts letzten Lebensjahren. Eine Mitteilung bisher unbekannter Briefe*, von Th. Distel, Leipzig, Barth. 1883, in-8°. — *Sur les dernières années de G. de Humboldt. Lettres inédites.*

tume, livré au charme austère de la méditation, poursuivant, sans une heure de défaillance, ses travaux de haute linguistique. Sa mort, survenue le 8 avril 1835, après une maladie de quelques jours [1], ne lui a pas permis de publier lui-même son grand ouvrage sur la langue *Kawi;* la publication en a été posthume. Mais il avait pu mettre la dernière main au manuscrit de la noble et puissante synthèse qui en est l'Introduction.

Ses *Lettres à une amie,* qui vont de 1814 à 1835, et les *Sonnets* dans lesquels il avait coutume, au déclin de la vie, de consigner la pensée dominante de sa journée, permettent de suivre l'évolution finale de ses idées. L'idéalisme transcendantal et le stoïcisme platonicien du dilettante de 1799 se transforment graduellement en un théisme pieux qui dissipe en partie les incertitudes du philosophe. « La Providence » remplace, sous sa plume, « le Destin » et le penseur finit par se confier dans « l'éternelle

---

[1]. Voir à l'appendice n° 11, la lettre d'Alex. de Humboldt à Varnhagen, du 5 avril 1835.

bonté qui veille sur la destinée de l'humanité, comme sur chaque destinée particulière[1] ». La « lueur d'un monde autre », signalée dans sa lettre ci-après du 6 juillet 1803, illumine de plus en plus un esprit tourné vers ce qui n'est point passager. On pourrait graver sur sa tombe ce vers d'un autre idéaliste, le chantre des *Destinées* :

Le vrai Dieu, le Dieu fort, est le Dieu des idées....

Car des deux puissances que l'âme dégagée de la matière peut déployer dans son existence ultérieure, l'entendement qui connaît a prévalu, chez G. Humboldt, sur la volonté qui aime.

Ainsi que son ami, G. Schweighæuser a travaillé jusqu'à la fin ; il est mort en 1844. Mais moins favorisé, il a dû se raidir, pendant treize années, contre une maladie nerveuse qui le condamnait à l'immobilité. Son activité intellectuelle, dont nos lettres donnent tant de preuves, ne fut point paralysée par la souf-

---

1. *Briefe an eine Freundin* (Lettres à une amie). Lettre 67°, 1ʳᵉ partie.

france : avec le concours de collaborateurs dévoués, il appliqua à l'archéologie ces connaissances variées, cette facilité de travail, si prisées par G. Humboldt, et il a laissé, comme dernier témoignage de son savoir et de son patriotisme, le bel ouvrage publié avec la collaboration de son ami, Philippe de Golbéry : *Les Antiquités de l'Alsace.*

A. LAQUIANTE.

Décembre 1892.

LETTRES INÉDITES

DE

GUILLAUME DE HUMBOLDT

ET DE CAROLINE DE HUMBOLDT

(NÉE DE DACHERÖDEN)

GEOFFROI SCHWEIGHÆUSER

LETTRES INÉDITES

DE GUILLAUME DE HUMBOLDT

ET DE MADAME DE HUMBOLDT

(NÉE CAROLINE DE DACHERÖDEN)

A GEOFFROI SCHWEIGHÆUSER

I.

LETTRE DE GUILLAUME DE HUMBOLDT.

Paris, 23 messidor an VII.
(11 juillet 1799.)

J'ai été très peiné, bien cher ami, que votre affaire[1] ait pris une tournure qui nous ôte tout espoir de faire ensemble ce voyage dont nous nous réjouissions. Vous avez été vraiment poursuivi par un sort contraire dans ces circonstances; les démarches qui

---

1. « L'affaire » est le rappel sous les drapeaux de G. Schw., dans des conditions assez particulières dont nous donnons un aperçu à l'appendice n° 2.

semblaient devoir vous favoriser sont celles qui vous ont été nuisibles ; cela devient évident à cette heure. Je me félicite du moins que rien ne vous empêche d'avoir la place qui vous semble supportable, celle-là même que vous eussiez choisie, si vous n'aviez pas projeté de partir avec nous. J'aurais été désolé que l'amitié qui vous poussait à nous suivre, eût entraîné des conséquences fâcheuses pour vous. Les choses sont donc rentrées dans l'ornière.

Je vous remercie cordialement de ce que vous me dites de vous-même, de vos études et, plus particulièrement, des choses flatteuses que vous m'écrivez sur mon propre compte. Peut-être en suis-je d'autant plus touché, qu'elles sont, je le sais, uniquement dictées par votre affection. Vous attribuez infiniment trop de mérite à mes travaux. Je suis loin d'avoir mûri mes idées; les matières dont je m'occupe ont besoin d'être méditées et je suis encore plus loin d'avoir arrêté la forme sous laquelle je les exposerai. Vous serez de mon avis, quand vous aurez approfondi ces questions et que vous serez complètement au courant de ce que d'autres ont déjà fait. Vous vous étonnerez sans doute, alors, que je n'avance pas plus. Mieux favorisé par le sort que personne, j'aurais dû certainement faire davantage. Et pourtant, je n'ai pas été trop indulgent pour moi-même : de bonne heure, j'ai compris que rien dans l'homme, pensée, sentiment, action, ne peut venir à bien, sans sévérité envers soi. Mais j'ai trouvé en moi, dans ma façon d'envisager les choses, dans la méthode que j'entendais suivre, des obstacles qui m'ont arrêté et que je ne surmonterai peut-être pas. Même pour un travail ordinaire, je n'ai pas cette facilité qui seule permet de réussir et de terminer. Il me faut plus de temps qu'à tout autre et c'est pour cette raison que, tantôt ceci, tantôt cela reste en suspens. Néanmoins, je ne désespère pas d'atteindre mon but avec le temps et je compte qu'alors, vous et ceux qui s'intéressent à mes études, vous aurez lieu, plus qu'aujourd'hui, d'être satisfaits.

Dans votre situation présente, je suppose que vos anciennes occupations littéraires ne vous seront pas interdites; en fût-il d'ailleurs ainsi, le spectacle de ce qui se passe autour de vous suffirait à vous fournir matière à réflexion. A ce point de vue, et puisqu'il a fallu renoncer à notre projet de voyage, le dénouement de votre affaire est encore le meilleur. En fait, vous n'avez pas choisi de carrière. Peut-être, pendant le laps de temps où vous allez avoir à vous occuper de vous-même, plus que de vos livres, discernerez-vous clairement celle qui vous convient; peut-être aussi certaines perspectives imprévues s'ouvriront pour vous. Si elles ne sont pas contraires à vos goûts, ne les négligez pas. La dépendance où l'on se met, tant qu'on reste indécis sur sa carrière, devient, lorsqu'il faut enfin prendre un parti, plus lourde que celle qui peut résulter d'une position quelconque. Si rien de ce genre ne s'offre à vous; si, à la fin de votre service, vous vous trouvez aussi libre que vous l'étiez avant, demeurez sans hésiter fidèle à la carrière littéraire. Quand je songe aux connaissances que vous avez su acquérir au milieu de mille embarras, je ne puis former d'autre vœu. — Je crois qu'il vous serait alors très profitable de passer un ou deux ans en Allemagne et, quoi qu'il arrive, je pourrais vous être utile. Vous savez, cher ami, avec quel plaisir je vous recevrais chez moi, n'importe où je serai, et combien il me serait agréable de vous posséder quelque temps; mais, même à distance, je trouverais le moyen de vous servir. Vous avez dit vous-même que vous ne seriez pas éloigné de reprendre, à notre retour d'Espagne, votre situation auprès de mes enfants; peut-être êtes-vous toujours dans ces idées. Cela pourra s'arranger; mais je ne serai en mesure de me prononcer, qu'au moment voulu. Comptez que je m'expliquerai en toute franchise et que, si je viens à vous déconseiller ce parti, ce ne sera que par des raisons inhérentes à votre position ou à la mienne. Dans tous les cas, une existence libre et indépendante serait la plus désirable pour vous.

J'ai parlé à Mme de Staël[1]; je crois avoir compris qu'elle apprécie ce que la proposition que je lui ai faite de votre part a d'avantageux pour elle. Elle

---

[1]. La correspondance imprimée ou inédite de G. Schw. prouve qu'il avait su se faire rapidement une place honorable dans la meilleure société. On le trouve lié, non seulement avec les hellénistes amis de son père, mais avec les érudits et littérateurs en réputation et avec une foule de personnes notables de l'époque. C'est ainsi qu'il s'était introduit chez Mme de Staël, et que l'idée lui vint de rechercher cette situation de précepteur, factotum littéraire, qui échut plus tard à A. G. de Schlegel.

Les pourparlers ne devant aboutir qu'après la libération, supposée prochaine, de Geoffroi, rappelé à Strasbourg par l'autorité militaire, comme nous l'avons dit, G. de H. s'était chargé de suivre l'affaire, bien qu'il désapprouvât la démarche de son jeune ami. — On ne connaît pas exactement les causes de la lenteur des négociations. Il est vraisemblable que l'avis contraire de H. et la crainte de se voir « interné à Coppet » firent hésiter Geoffroy et le décidèrent à entrer provisoirement dans la famille Voyer d'Argenson. Il n'avait pas le temps d'attendre! Mais il ne renonçait pas complètement à son projet. Nous donnons en effet, à l'appendice n° 3, un billet de Mme de Staël, qui montre que, cette fois, c'est elle qui hésite par scrupule de délicatesse. Leurs bons rapports ne semblent pas avoir été troublés par ces difficultés. Nous avons sous les yeux un billet, de date postérieure, dans lequel l'auteur de *Delphine* annonce à Schw. un exemplaire de son roman et le prie de lui dire « à quelle personne il pense pour l'emploi de précepteur toujours vacant ». Elle ajoute : « Vous êtes toujours persuadé que je veux établir le précepteur de mes enfants à Coppet, quand je m'en éloigne. J'ai une idée absolument contraire. Je veux qu'il voyage avec moi soit à Paris, soit ailleurs.... »

m'a dit qu'elle voulait en causer avec son père que la question intéresse aussi; car, si j'ai bien entendu, vous seriez placé auprès de lui. Son départ a lieu sous peu de jours. En ce moment, elle est dans une sorte d'agitation qui ne lui permet pas de songer à tout cela. C'est le seul motif qui m'empêche de considérer l'affaire comme faite; ce qui est moins certain, c'est que vous ayez à y gagner. Pour moi, je ne le pense pas.

Je vois assez souvent Gérando[1]. Récemment, j'ai été avec lui à Auteuil[2] et je l'attends ce soir avec sa femme et Mathieu[3]. Il me paraît avoir une tête bien

---

1. En juillet 1799, Gérando, marié depuis six mois, venait de quitter Colmar où il servait en qualité de volontaire au 6e régiment de chasseurs à cheval, après avoir passé par des péripéties émouvantes au siège de Lyon, en Suisse, à Naples et en Allemagne. Lauréat de l'Institut, cette même année, pour son Mémoire sur la question : « Déterminer quelle est l'influence des signes sur la formation des idées », il avait été appelé à Paris, à cette occasion. On lui avait donné un congé illimité, en même temps qu'il était nommé professeur de philosophie morale au « Lycée républicain » et secrétaire du comité consultatif des arts. — G. de H. le juge bien : Gérando est un esprit honnête, juste, clair, impartial, d'une érudition étendue et saine; l'originalité et la profondeur lui font défaut.

2. Vraisemblablement chez Mme Ve Helvétius, née de Ligniville, dont la maison était restée, comme du vivant de son mari, le rendez-vous d'une société choisie.

3. Voir l'appendice n° 2.

organisée et un esprit lucide ; je n'ai encore pu juger s'il a de la profondeur. Il est possible que sa manière de voir et son goût pour des sujets qu'on n'apprécie guère, actuellement ici, lui procurent, à lui et à sa philosophie, une sorte d'originalité; d'autant plus qu'il sera forcé de la présenter sous une forme nouvelle. J'ai du moins cru saisir un indice en ce sens, dans un entretien que nous avons eu dernièrement au sujet de Morel[1]. — Il vous envoie tous ses compliments. — Je fais grand cas de lui, parce qu'il a incontestablement un caractère des plus honorables et qu'il montre un zèle actif et sérieux pour ses études. Je crains, cependant, que ces études mêmes ne lui donnent ici un vernis de pédantisme et, au fond, je le soupçonne d'être capable de plus de pédanterie qu'aucun autre Français.

Nous partons à la fin de la prochaine décade ou au commencement de la suivante, c'est-à-dire vers le 1er août . . . .

---

1. Sans doute Morel de Vindé, ancien conseiller au Parlement de Paris, connu comme littérateur et agronome. Il avait touché à la philosophie en dilettante, par sa *Morale de l'enfance,* recueil de cinq cent douze quatrains, qui avait eu une grande vogue, en 1790. Victor Leclerc, à ses débuts, s'est donné la tâche de traduire dans la langue de Virgile les quatrains édifiants.

Appelé à la chambre des pairs en 1815, Morel de Vindé fut créé vicomte en 1822.

Tous, en particulier Grossius[2] et les enfants, vous saluent. Ma femme vous écrira. Cordial adieu; écrivez-nous bientôt.

Votre H.

---

2. Grossius, jeune Allemand, successeur de G. Schw. auprès des trois enfants de Humboldt, quitta la famille, vers la fin de 1801, pour entreprendre, avec un riche étranger, un voyage artistique et archéologique en Espagne, en Italie et en Asie-Mineure. Il paraît s'être voué à l'enseignement et à l'érudition. Trente-quatre ans plus tard, G. de H., traversant Hambourg, l'y retrouve père d'une nombreuse famille. (*Briefe an eine Freundin*. — Lettres à une amie. — Lettre du 13 juillet 1835.)

II.

LETTRE DE GUILLAUME DE HUMBOLDT.

Paris, 21 thermidor an VII.
(8 août 1799.)

Pardonnez-moi, très cher ami, l'inexcusable négligence qui m'a fait laisser si longtemps sans réponse, — près de quatre semaines, — votre longue et excellente lettre. La maladie de notre enfant et l'incertitude qu'elle a mise dans nos projets sont, en grande partie, les causes de mon retard. Il a fallu compter aussi avec les affaires et les dérangements qui s'accumulent au moment de partir. Le petit Théodore [1] est complètement rétabli; il a été très malade et nous a fort inquiétés, mais il reprend d'une façon surprenante, ses forces reviennent et il engraisse. Aussi notre départ approche, il aura lieu dans huit à dix jours. Cette perspective me réjouit; la seule chose qui me préoccupe est la crainte que ma femme n'ait pas autant de plaisir que moi et ne trouve pas de compensations suffisantes aux ennuis que je pré-

---
1. Le second fils de G. de Humboldt.

vois pour elle. Je vous écrirai souvent et je vous tiendrai au courant de l'exécution de notre plan.

Les espérances dont vous me parlez et dont vous avez, paraît-il, dit un mot à ma femme et à Gérando, me font grand plaisir.

Vous retrouverez donc votre liberté et votre indépendance; il est fâcheux que votre joie soit diminuée par la prévision d'un ajournement. En attendant, le travail chez Mathieu ne vous sera pas trop déplaisant; vous me l'avez dit plusieurs fois et le moment viendra où vous pourrez songer à un voyage en Allemagne. Je désire et j'espère que vous trouviez moyen de ne pas abandonner la voie littéraire. La Constitution actuelle de votre pays ne vous empêcherait pas de suivre en même temps une carrière politique, comme par exemple les *Conseils*[1]; si, ce qui est surtout à souhaiter à tous égards, la paix se rétablit enfin, les deux perspectives vous seront ouvertes. D'autant mieux, qu'au point de vue littéraire, vous avez laissé ici d'excellents souvenirs; je puis vous en donner une preuve que vous ignorez, j'en suis sûr. Récemment, Bitaubé[2] vous a porté sur une

---

1. Conseil des Cinq-Cents, Conseil des Anciens (Constitution de l'an III).

2. L'helléniste Bitaubé, traducteur apprécié d'Homère, né à Kœnigsberg d'une famille de réfugiés calvinistes, venu en France en

liste de candidats, parmi lesquels l'Institut devait choisir « un associé pour la section des langues anciennes ». Il croit, avec raison, vous avoir rendu service, bien qu'il eût prévu que vous ne seriez pas nommé, l'un des candidats étant chaudement appuyé par de nombreux amis. Vous ferez peut-être bien de lui écrire et de lui dire un mot de cette marque de son intérêt.

Je crois que l'exemple de votre père suffit à exciter votre ardeur au travail et que d'autres encouragements sont superflus. Je comprends cependant que, dans la situation qui vous est faite depuis quelques années, vous ayez peut-être eu moins de goût pour l'étude, que si les circonstances eussent été autres. On tâtonne toujours, quand on n'a pas devant soi un but défini ou du moins une tâche déterminée, et véritablement le loisir vous a manqué pour arrêter un choix de cette nature et poursuivre avec per-

---

1762 avec l'autorisation de Frédéric II afin de poursuivre ses études, avait été élu associé étranger de l'Académie des Inscriptions et Belles-Lettres, avant 1789. Fixé définitivement à Paris et naturalisé, il fit partie de l'Institut, dès la création. Sa naissance, sa confession religieuse et son grec devaient constituer, aux yeux de Humboldt, une triple recommandation. Bitaubé était en relations suivies avec le savant Jean Schweighæuser, père de Geoffroi ; on trouve plusieurs de ses lettres dans les papiers de ce dernier. — Les rapports de Bitaubé avec G. de H. n'ont pas dû être étrangers à sa traduction d'*Hermann et Dorothée* de Gœthe, parue en 1800.

sévérance. A mon avis, voici ce que vous auriez de plus essentiel à faire pour le moment, tant que vous ne pourrez compter que sur quelques mois de tranquillité. Bornez-vous à l'étude des langues ; étudiez à fond, suivant le temps dont vous disposerez, un bon auteur grec, sans laisser passer aucune difficulté. Autant que j'ai pu en juger, vous saisissez facilement le sens, mais vous n'êtes pas absolument maître de toutes les difficultés de la grammaire. Occupez-vous en même temps de langues étrangères, principalement d'anglais. Quand vous serez libre vis-à-vis de Mathieu, consacrez un semestre à la philosophie et vous aurez ainsi, je le crois, épuisé le programme des études préliminaires. La connaissance approfondie d'une langue ancienne et un aperçu général de philosophie, qui permet de s'orienter, mettent à même de tout entreprendre et de se décider sans difficulté pour n'importe quelle direction. En suivant avec soin ce plan d'études, il est impossible que vous ne rencontriez pas des idées personnelles que vous aurez plaisir à creuser. C'est ainsi et non autrement, qu'il faut procéder pour choisir une carrière. Gardez-vous de travaux que vous n'entreprendriez que par occasion ou par complaisance, sans goût décidé.

Vous me mandez, mon cher ami, que vous irez

peut-être en Allemagne avant nous. S'il en est ainsi, ne manquez pas de prendre une détermination que je considère comme devant vous être très avantageuse : passez un an ou du moins un semestre à Iéna; travaillez-y pour votre compte et entrez en relation avec Schiller et autres. Vous devriez tout sacrifier à ce séjour. Nos rapports, dont vous parlez si affectueusement, ne sauraient en souffrir; vous pourriez les entretenir d'Iéna, aussi bien que vous le feriez de Strasbourg ou de Paris, et vous y gagneriez de jouir plus longtemps de Weimar et d'Iéna[1]. Car, à mon retour d'Espagne, je ne resterai dans ces villes que quatre semaines au plus, avant de me rendre à ma propriété près de Berlin, où ma maison sera loin d'avoir l'agrément de celle de Paris. A tous les points de vue, ce serait donc le meilleur parti à prendre......

Pour Gérando, vous avez parfaitement raison : sa femme est plus intéressante que lui[2]. Il a une poli-

---

1. Il est à peine nécessaire de remarquer que l'Université d'Iéna, à son zénith dans le moment, avait compté Schiller parmi ses professeurs; et qu'à Weimar, l'Athènes de l'Allemagne, Gœthe trônait dans sa gloire de Maître du Parnasse et de *Magister elegantiarum*, au milieu d'un cortège d'écrivains illustres, à la tête desquels Schiller que sa santé avait contraint de renoncer à sa chaire d'histoire.

2. G. de H. est l'écho du sentiment général.
Mme Gérando, Annette de Rathsamhausen, appartenait à une

tesse cérémonieuse et une affectation de modestie qui rendent sa fréquentation parfois fatigante; et comme, d'autre part, il paraît éviter les discussions qui deviennent sérieuses, c'est encore un attrait de moins dans sa société. D'après ce que j'ai lu de son livre, ce travail est extrêmement médiocre[1] : nulle part il ne va au fond des choses, sa prolixité est souvent fastidieuse et son style est prétentieux. Il contient aussi plusieurs passages absolument dénués de

---

famille des plus anciennes, mais des moins fortunées de l'Alsace. Orpheline de mère de bonne heure, élevée à Saint-Cyr, elle avait fait la connaissance de Gérando chez Pfeffel, le poète aveugle de Colmar, qui s'était constitué le protecteur affectueux de la jeune fille, après la mort du père. Quand elle eut suivi son mari à Paris, le monde nouveau au milieu duquel elle se trouva, sut distinguer les qualités de cœur et d'esprit de la femme du philosophe. On ne lui fit pas un accueil moins sympathique qu'en Alsace, et elle se vit recherchée, sans en tirer la moindre vanité, par les deux femmes qui faisaient le plus de bruit dans Paris, l'une par son esprit, l'autre par sa beauté : MM^{mes} de Staël et Récamier. D'une bonté parfaite, fondée sur une piété solide; d'un esprit enjoué et délié, mûri par une culture supérieure, Mme Gérando partageait l'élévation d'idées et de caractère de son mari, sans que l'on pût discerner, chez elle, trace de ce ton dogmatique et de cette tendance au lieu commun, qui choquaient parfois chez son mari.

1. Le titre de l'ouvrage est : *Des Signes et de l'art de penser dans leurs rapports*. — 4 vol. in-8°. Bien qu'imprimé avec la date 1800, le livre a paru plusieurs mois avant le 1er janvier; cette circonstance explique comment G. de H. peut en parler, dès le 8 août 1799. C'est le développement du mémoire couronné par l'Institut, mentionné plus haut.

goût. J'ai entendu des Français le juger ainsi et je doute qu'il ait du succès.

Les Dietrich[1] sont de nouveau ici, mais nous ne les avons pas encore vus; nous comptons avoir par eux de vos nouvelles. Ma femme vous fait ses amitiés; portez-vous bien et écrivez-nous bientôt.

Votre H.

---

1. Les deux fils du baron Dietrich, maire de Strasbourg, guillotiné à Paris le 29 décembre 1793. Un décret de la Convention, du 31 août 1795, avait réhabilité sa mémoire et levé le séquestre mis sur ses biens.

III.

LETTRE DE GUILLAUME DE HUMBOLDT.

Madrid, 18 novembre 1799.

Assurément, très cher ami, nous devons vous demander sincèrement pardon de ne vous avoir pas annoncé nous-mêmes notre départ de Paris. Mais vous savez comment vont les choses, en pareil cas : on se propose d'écrire au premier arrêt de quelque durée et il se trouve qu'on est plus occupé qu'on ne l'avait pensé; il en va de même à l'étape suivante, les semaines et les mois s'écoulent ainsi. C'est là le vrai motif de notre silence et je suis peiné que vous lui ayez attribué des raisons si singulières et si douloureuses pour vous. Tâchez que ce soit la dernière fois que vous vous laissiez aller à une méfiance également pénible pour nous. Vous trouverez chez peu de personnes, soyez-en persuadé, des sentiments aussi invariables que les nôtres, sentiments sur lesquels vous devriez, ce me semble, être suffisamment édifié [1]............................

---

[1]. Nous passons quelques lignes consacrées à l'avenir de G. Schw., très affectueuses, mais sans intérêt pour le public.

Du reste, mon cher ami, vous avez dû voir et vous convaincre que ce serait pour moi une véritable satisfaction de vivre et de travailler avec vous. D'autant mieux que, moi comme vous, nous serions alors en situation d'entreprendre à notre guise, avec plus de zèle et plus de goût, un travail de notre choix. En résumé et pour conclure, cher ami, occupez-vous actuellement de votre avenir de votre mieux. Vienne le moment de notre retour, si vous êtes libre, soyez-en certain, j'aviserai à contenter vos désirs.

Dans votre lettre à ma femme, vous dites un mot de l'argent que je vous ai avancé à Paris. Ne vous en inquiétez pas; en pareille matière, je ne fais que ce qui m'est possible. Je vous en prie instamment, tranquillisez-vous à cet égard [1].

J'ai cru, mon cher ami, devoir entrer dans beaucoup de détails sur ce qui précède, cette matière étant incontestablement celle qui vous intéresse le plus. Avec tout cela, le temps a passé, sans que je vous aie parlé de notre voyage. Je n'en dirai que deux mots, parce que je suis terriblement occupé : nous

---

[1]. On a reproché, dans son temps, à G. de Humboldt une certaine parcimonie. Nous ne prétendons pas qu'il fût d'une générosité princière ; mais cette lettre, ainsi que ses *Lettres à une amie*, prouvent qu'à l'occasion, il ne répugnait pas aux services d'argent que sa fortune lui rendait d'ailleurs légers.

sommes tous en bonne santé et aussi bien qu'on peut l'être à Madrid. Nous avons passé environ quatorze jours dans les Pyrénées avec un temps superbe. Ici et à l'Escurial, les innombrables trésors artistiques nous ont procuré un plaisir infini. Ma femme et Grossius sont fort occupés à en rédiger une description, afin d'en conserver, pour eux et pour les autres, un souvenir durable. Ce serait ce que nous rapporterions de mieux de notre voyage. Je suis très affairé, je vois beaucoup de gens et beaucoup de choses, je m'absorbe dans les questions qui m'intéressent. Si l'on ne peut faire que peu de besogne en si peu de temps, ce que je fais ne sera cependant pas complètement inutile; bien qu'après tout, je ne travaille que par pièces et par morceaux.

Portez-vous bien ; rappelez-moi à votre père et gardez-nous votre affection.

Votre Humboldt.

P.-S. — Nous repartons avant un mois pour la France, en passant par Cadix, Grenade et Barcelone; notre adresse est toujours à Madrid chez M. Tribolet-Hardy, secrétaire d'ambassade du roi de Prusse, — Calle Cantarranas, n° 6.

IV.

LETTRE DE Mme DE HUMBOLDT.

Cadix, 26 janvier 1800.

En arrivant ici, le 23 de ce mois, cher ami, j'ai trouvé votre lettre réexpédiée de Madrid que nous avions quitté, le 26 décembre. Le mauvais état des chemins défoncés par les pluies continuelles a rendu fort pénible notre voyage depuis Madrid; nous sommes cependant arrivés sains et saufs, bien que nous ayons versé entre Cordoue et Séville. Heureusement, sur sept personnes que nous étions dans la voiture, aucune n'a été blessée. J'ai fait à cheval une partie du chemin, ayant le petit Théodore devant moi et son gros frère (Guillaume) en croupe. En cheminant ainsi, mon enfant entre mes bras, j'ai souvent pensé à vous et à votre installation chez nous, l'an passé. Mon souvenir, mes vœux les plus sincères et les plus affectueux ne vous ont pas non plus manqué, le jour anniversaire de votre naissance. Chacune des paroles, chacune de ces journées de l'année dernière me revenait à la mémoire. Si votre vie est aussi heureuse, tranquille et satisfaite que je le désire, vous n'aurez rien à souhaiter. L'espoir que, sous peu, Humboldt et moi, nous contribuerons peut-être à votre bonheur, nous est doux à tous les deux. Rien, d'ailleurs, n'est changé aux arrangements convenus entre vous et lui, ni à la date de notre rentrée à Paris.

Maintenant que nous voici au point extrême de notre voyage, je me vois déjà sur le chemin du retour et, quelles qu'aient été nos satisfactions à beaucoup de points de vue, la pensée du retour me sourit. Si le loisir ne nous faisait défaut, si l'on ne perdait dans ce pays un temps infini sur les grands chemins, je prolongerais volontiers mon séjour en Espagne.

Ce qui m'attirait uniquement ici, la vue de l'Océan sans limites, avec ses majestueux et perpétuels mouvements de flux et de reflux, me fascine exclusivement. En remontant la côte, nous apercevrons souvent la mer de loin; mais elle ne paraît ineffablement grande que par la vue immédiate de l'agitation incessante de ses vagues. Combien j'aurais voulu vous voir jouir de ce spectacle; qu'il eût été bon de le contempler ensemble! Je n'en connais pas de plus propre à porter l'âme à se recueillir ou à se lancer dans les espaces illimités; il n'en est pas qui fasse mieux pénétrer dans l'esprit l'idée de l'infini.

Cadix est une ville gaie, attrayante et remarquablement propre; elle est tellement enserrée par la mer, qu'elle n'a qu'une seule promenade. Séville est une grande cité aux rues étroites et sombres; nous y avons passé six jours à examiner les œuvres d'art, conservées dans des collections trop disséminées. Ces six jours, pendant lesquels nous n'avons pas perdu un instant, ont à peine suffi pour voir les œuvres les plus remarquables des peintres espagnols. On ne contemple pas, sans une attention respectueuse, ces témoignages de l'incroyable étude de la nature à laquelle ils se sont livrés. Il y a des tableaux de Murillo qui inspirent à cet égard un étonnement profond. Mais je n'en reste pas moins convaincue que les peintres espagnols les plus éminents n'ont jamais conçu un type idéal du beau et que le sentiment des côtés élevés de la nature humaine leur a manqué. A Madrid, j'avais vu plusieurs fois une Vénus endormie du Titien[1]; je n'aurais pas cru qu'il fût possible

---

1. Le caractère de beauté idéale et de noble sérénité que le pinceau du Titien semble avoir dérobé à l'art grec, est finement saisi par Mme de H. Dans l'expression de sa pensée, il faut faire la part de la « tendance nébuleuse », signalée dans l'avant-propos.

Le musée de Madrid possède deux tableaux du grand artiste vénitien répondant à la description. Si admirables qu'ils soient, ils le cèdent cependant à la merveilleuse figure, encadrée dans un poétique paysage, qui est exposée à la tribune des *Uffizi*, à Florence.

d'allier une telle pureté à un charme pareil. Je suis restée pendant des heures devant cette toile : la tête avec les yeux fermés et le corps sont merveilleux. Vénus est couchée au premier plan, sans aucun voile ; jamais le pinceau du Titien n'a trouvé un coloris plus brillant ni plus délicat. Et cependant, je ne pense pas qu'il y existe d'homme assez grossier, pour que l'impression de la noblesse d'inspiration de cette figure céleste ne l'emporte, chez lui, sur les séductions de la beauté physique. Cette Vénus pourrait, ce me semble, être honorée et invoquée comme une sainte. Aucun peintre espagnol n'a jamais approché, même de loin, d'une conception de ce genre. Si riche que soit la Galerie de Paris, elle est incomplète à ce point de vue : on n'y trouve pas une grande toile de chacun des maîtres espagnols et l'on ne peut cependant se faire une idée de cette école, qu'après en avoir vu les plus beaux spécimens.

Outre ces jouissances artistiques, nous en avons eu d'autres, depuis Cordoue, en admirant les orangers et les citronniers couverts de fruits, les palmiers élancés balançant leurs panaches au souffle de la brise printanière, les grands et noirs cyprès. C'est ici que j'ai vraiment compris, dans sa belle simplicité, le Lied de Gœthe : « *Connais-tu le pays où les citronniers fleurissent ?* », et que j'ai senti la vérité de sa poésie. Les orangers et les citronniers ont les dimensions de nos tilleuls de hauteur moyenne; je ne me figurais pas l'effet des fruits dorés ressortant sur le feuillage sombre : c'est d'un aspect splendide qui témoigne de la fécondité du sol.

Quand nous serons arrivés à Valence, cher ami, je tâcherai de vous donner des nouvelles de la suite de notre voyage............................
....

Les enfants vont très bien et vous saluent, Caroline en particulier; elle pense très souvent à vous.

Faites tous mes compliments à votre chère mère; j'espère que cet hiver lui est moins désagréable que les autres, parce que vous êtes auprès d'elle. Comment vont vos yeux, cher ami? J'y pense, en songeant aux longues, longues soirées d'hiver. Ménagez-les et croyez à l'intérêt que vous portent vos amis. Écrivez-moi, à tout hasard, en adressant votre lettre à notre consul de Barcelone; par la voie de Lyon, on ne peut savoir combien de temps elle mettra à me parvenir. Pensez à nous, croyez à notre désir sincère de reprendre nos anciennes relations, voyez l'avenir en beau et portez-vous bien.

Alexandre est encore à Cumana, dans l'Amérique du Sud. Sa dernière lettre est datée du 15 novembre;

il paraît enchanté, très occupé et parle de son retour en 1803; mais je n'y crois pas[1].

Encore une fois, adieu; les meilleurs souvenirs de Humboldt; adieu.

P.-S. — Le verre dont vous m'avez fait cadeau voyage avec moi. Il y a trois jours, après la chute de voiture qui nous avait un peu ébranlés, il a servi à boire du malaga pour nous réconforter. J'ai porté votre santé tout bas.

---

1. Alex. de Humboldt s'était embarqué à la Corogne le 5 juin 1799; il ne revint en Europe qu'en 1804.

V.

LETTRE DE Mme DE HUMBOLDT.

Barcelone, 26 mars 1800.

Mon cher ami, si, depuis deux mois, je ne vous ai pas écrit, c'est que j'ai vécu dans une agitation perpétuelle et que, chaque soir, je ne pouvais plus, littéralement, remuer un membre. J'ai reçu vos deux bonnes lettres : celle du 15 janvier, à Grenade; l'autre, du 20 février, répondant à celle que je vous avais écrite de Cadix, m'est parvenue à Barcelone, où je suis depuis le 15 mars. Vous voyez que, pendant les deux mois où vous êtes resté sans nouvelles, nous avons fait du chemin; mais au prix de quels tracas et de quelles fatigues, mon ami! Vous les auriez fidèlement partagés; mais moi et les pauvres petits nous vous aurions souvent fait pitié. En revanche, nous avons eu de grandes satisfactions et finalement nous voici tous bien portants, prêts à entreprendre, samedi prochain 29, le voyage de Paris, avec le même entrain et des forces nouvelles. Nous retrouverons à Toulouse notre voiture; ce ne sera plus qu'une partie de plaisir d'aller jusqu'à Paris où nous comptons arriver le 10 avril. — Je suis grosse et je pense accoucher dans la première moitié de mai ; vous le voyez, il ne me reste pas beaucoup de temps. Je n'ai pas fait connaître, plus tôt qu'il ne fallait, ma situation à mes amis, parce que je pensais que la nouvelle pourrait les préoccuper et que je voulais leur épargner une inquiétude trop prolongée. Laissez-moi espérer que je trouverai à Paris, chez Metzger[1], une lettre qui sera pour moi un nouveau témoignage de votre souvenir affectueux. Vous aurez sans doute de mes nouvelles par Humboldt.

J'espère que nous nous reverrons, cher ami ; cependant on a souvent, dans ma position, de si grandes inquiétudes, que je me figure parfois que nous ne nous retrouverons pas. Gardez-moi donc toujours votre amitié ; gardez-la à mes enfants, à Humboldt et, si vous le pouvez, partagez avec mon mari le soin de leur éducation, que je sois là ou non. Je vous le demande d'une façon plus pressante aujourd'hui, à cause de mes inquiétudes, et parce que les chers petits auraient alors plus grand besoin de sollicitude et de

---

1. Metzger (Jean Ulric), membre du Conseil des Cinq-Cents, plus tard membre du Corps législatif, né à Colmar le 26 décembre 1752. Intime dans la maison des Humboldt, adorateur platonique de Madame qu'il appelle *sa Dame,* dans ses lettres à G. Schw. Voir deux lettres de lui à l'appendice n° 4.

tendresse. Je compte sur vous, à cet égard, comme sur personne. J'apprécie la sagesse dont la nature vous a doué; elle est pour moi une consolation toute particulière.

Mais, mon cher Schweighæuser, cela ne doit s'entendre ainsi, qu'autant que vous n'auriez pas de perspectives plus avantageuses. N'allez pas, non plus, considérer ce que je viens de vous dire comme un pressentiment. L'éventualité de la mort est toujours présente; elle l'est doublement dans mon état et avec une santé délicate. Ne voyez rien d'autre dans ces lignes: je suis gaie, contente, résignée tout à la fois; mais, vous le savez, on s'abandonne quelquefois à des idées tristes. C'est ce qui m'arrive, lorsque je regarde les chers petits jouer innocemment auprès de moi; je sens alors que personne, personne ne saurait les aimer comme moi et qu'ils perdraient assurément quelque chose, si je venais à leur manquer. De tous mes enfants, la petite Li[1] est celle qui tient le plus profondément, le plus singulièrement, je devrais dire: le plus douloureusement de ma nature. C'est elle aussi qui me préoccuperait davantage, s'il fallait me séparer d'eux. Que le génie de la tendresse veille sur elle! — Mon ami, je veux cesser de vous

---

1. Caroline, l'aînée des enfants de G. de Humboldt.

parler des enfants, afin de ne pas vous attrister, comme je m'attriste moi-même depuis longtemps ; il vaut mieux vous entretenir de Grenade où nous avons été en quittant Cadix et après quelques belles journées passées à Malaga.

Grenade est située dans une plaine fertile, entourée de montagnes couronnées de neiges perpétuelles. L'Alhambra, le palais des rois maures, splendide, merveilleux et presque intact, domine la ville du haut d'une colline assez élevée. Ses jardins se paraient de la tendre verdure des peupliers et des bouleaux, parmi lesquels se dressaient avec orgueil des cyprès séculaires et d'immenses lauriers. Là, mon bon et cher ami, comme partout où je me sens pénétrée d'un sentiment de bonheur ou d'une émotion mélancolique, j'ai pensé à vous. Penser est peu dire : vous étiez présent à mes yeux et mille vœux ardents pour votre constante félicité remplissaient, comme toujours, mon cœur.

De Grenade à Murcie, nous avons eu sept pénibles journées. Murcie est une petite ville, riche et florissante, qui fournit d'oranges et de figues la moitié de l'Espagne. Alicante n'a de beau que son voisinage de la mer ; mais on ne se fatigue pas de la contempler, jamais on ne se lasse de ce spectacle grandiose, éternellement nouveau. Nous sommes restés huit jours à Valence. Son climat est divin : nulle part je n'ai respiré un air plus doux et plus moelleux. On se surprend à l'aspirer plus vivement, afin d'absorber en plus grande quantité cette atmosphère embaumée. La mer se trouve à une demi-lieue de la ville et la route qui y conduit est la promenade habituelle des habitants ; c'est une des plus belles que je connaisse. La ville plaît sans être jolie ; ses rues n'ont pas de pavé, mais elles sont propres ; si étroites et irrégulières qu'elles soient, elles ne manquent pas d'agrément. Tout cela tient, je crois, à la beauté de l'atmosphère. La culture si vantée du pays de Valence ne m'a pas séduite ; elle m'a paru trop morcelée et trop divisée. Je préfère infiniment celle de la Catalogne, cette belle et grande province de l'Espagne. La nature s'y est montrée plus généreuse que dans les autres provinces ; la population y est active et laborieuse et la campagne parfaitement cultivée.

Barcelone est une ville très agréable, je dirai même charmante : bâtie au bord de la mer, entourée de montagnes verdoyantes et d'innombrables villages. Humboldt nous a quittés pour trois jours, afin de faire l'ascension du Montserrat[1] ; dès sa rentrée, nous repartirons et nous hâterons notre retour.

---

1. Montserrat, montagne à 40 kilomètres ouest de Barcelone,

Adieu, mon cher Schweighæuser, mille fois adieu; les enfants vous embrassent. Théodore est très drôle, il parle maintenant trois langues à la fois, en les mêlant, comme vous pensez. C'est toujours notre petit tyran; son despotisme est cependant plus clément que naguère. Mille choses affectueuses de ma part à votre bonne mère; Grossius la salue respectueusement.

Adieu, très cher, portez-vous bien, pensez à nous, et continuez à ménager vos yeux; les pauvres infirmes ont toujours ma vive sympathie. Adieu, cher et bon ami; ne nous oubliez pas.

---

célèbre par l'antique abbaye qu'un incendie vient de détruire en partie, à la date du 20 août 1892.

Le pèlerinage de G. de H. a fait, de sa part, l'objet d'une curieuse dissertation, en forme de lettre à Gœthe, publiée pour la première fois, en 1803, dans les *Éphémérides géographiques* de Gaspari, réimprimée dans ses OEuvres complètes. Malgré l'intérêt de ce morceau, son développement ne permet pas de le reproduire ici; mais une lettre, écrite trente-quatre ans plus tard par G. de H., contient un passage qui résume l'essentiel de la dissertation de 1803. Il est donné à l'appendice n° 5.

VI.

LETTRE DE Mme DE HUMBOLDT.

Paris, le 27 thermidor an VIII (15 août 1800).

Je vous adresse mes meilleurs remerciements, mon cher ami, pour votre aimable souvenir. Je me réjouis d'apprendre, par votre lettre, que votre nouvelle résidence champêtre et votre entourage[1] vous plaisent. Vous savoir heureux, de bonne humeur, tranquille, me causera toujours la plus grande satisfaction; il me serait encore plus doux de contribuer moi-même à votre bonheur.

Nous continuons à vivre ici contents et paisibles. Tous mes enfants sont en bonne santé; moi-même je me trouve bien, infiniment mieux que je ne l'es-

---

1. Après sa libération du service, sa place étant prise chez les Humboldt, G. Schw., toujours préoccupé de ne pas être à la charge de ses parents, avait accepté un préceptorat à Coquetot, aux environs de Rouen. Il s'occupait de l'éducation d'un fils du citoyen Cabanon, dont Mme de H. nous apprend le nom (Perico), quelques lignes plus loin. Cabanon, négociant à Rouen, était le gendre du citoyen Lenormand, chef du bureau des traites au ministère des finances, dont Mme de H. parle plus bas, comme d'un de ses habitués.

C'est l'helléniste Chardon de la Rochette qui avait procuré cet emploi à son ami G. Schw.

pérais, par ces terribles chaleurs et en nourrissant ma petite fille. L'état de l'œil de Humboldt s'est aussi beaucoup amélioré, grâce à un traitement dérivatif; nous pouvons espérer qu'une opération ne sera pas nécessaire[1].

Le petit frère envoie à Perico le billet ci-inclus; il sera enchanté, si votre *élève* lui répond. — Je n'ai de nouvelles de Metzger que par son frère resté ici; je sais qu'il se trouve très bien dans sa famille.

Nous nous sommes décidés à prolonger de plusieurs mois notre séjour ici et nous cherchons, pour l'hiver prochain, un logement qui nous convienne. Mais je vous prie de ne rien dire de notre projet à vos relations allemandes. Afin de rendre moins pénible à mon bon père cet ajournement de notre retour, je ne veux pas le lui annoncer positivement, mais le lui faire pressentir peu à peu. Ne faut-il pas chercher, par tous les moyens, à épargner aux autres les ennuis de l'existence? Notre vie, chez « papa », sera d'ailleurs plus agréable, si nous lui consacrons, pendant sa résidence à la campagne, les mois du printemps et de l'été, au lieu de passer les mois d'hiver à Erfurt. Un séjour de deux mois à

---

[1]. L'œil droit de G. de H. fut atteint plus tard par la cataracte. Il ne se fit pas opérer.

Weimar, auquel nous tenons beaucoup, peut cadrer avec cette combinaison; nous n'y perdrons que « l'ennui » des obligations sociales à Erfurt. Elles ont, vous le savez, peu de séduction pour Humboldt et pour moi.

Burgsdorff[1] nous a écrit d'Édimbourg. Il mande à Humboldt, par un billet, de lui envoyer ses passeports à Calais. On les a expédiés hier et nous l'attendons entre le 25 et le 30 août.

Je compte, pour demain, sur l'arrivée de mon amie de Berlin[2].

Ce que nous avons reçu de mieux, en fait d'envois littéraires allemands, c'est la traduction de l'*Énéide* par Voss[3]; n'ayant jamais lu Virgile, ce livre a été le bienvenu pour moi. La traduction est belle et soignée, ainsi que tout ce que fait Voss; mais s'il est permis de juger d'un original d'après une traduction, comme on peut le faire avec Voss pour l'*Odyssée* et l'*Iliade*, quelle distance entre Virgile et Homère! Combien Virgile est loin de cette noble

---

1. Guillaume de Burgsdorff, admirateur « des yeux d'enfant » de Mme de H., gentilhomme prussien, vieil ami de G. de Humboldt.

2. Voir lettre de Mme de H. du 2 septembre 1800.

3. Voss, auteur de l'idylle réaliste *Louise*, l'infatigable traducteur dont G. de H. parlera dans sa lettre du 5 octobre 1805.

simplicité qui fait sur le cœur humain une impression si profonde et si durable!

Pendant cette dernière décade, j'ai beaucoup fréquenté le Musée. Il est fermé en ce moment, à cause des préparatifs de l'Exposition des peintres vivants. Je doute qu'elle offre un seul tableau qui vaille la moindre toile de Raphaël.

Tieck[1] a terminé son beau dessin et vient de m'en faire cadeau aujourd'hui même; c'est un chef-d'œuvre dans son genre.

Nous attendons incessamment *Wallenstein*. Burgsdorff l'a lu dans une médiocre traduction anglaise; il assure qu'il n'en a pas éprouvé une grande impression poétique. Mme Reinhard[2] nous écrit au contraire, de Suisse, que *Wallenstein* est l'œuvre la plus

---

1. Tieck, Frédéric, sculpteur berlinois de l'école classique, s'est surtout fait remarquer dans la décoration monumentale. D'après un billet inédit de Mme de H., du 6 octobre 1800, Tieck concourut à Paris pour le prix de sculpture, cette même année, et fut couronné par la section des Beaux-Arts de l'Institut. Il fréquentait alors l'atelier de David.

2. Mme Reinhard, femme de Reinhard, ministre plénipotentiaire en Suisse, qui avait cédé le portefeuille des affaires étrangères à Talleyrand, le 22 novembre 1799. Né en Wurtemberg, fils d'un pasteur, Reinhard avait servi, pendant quarante ans, dans la diplomatie française, lorsque l'on s'aperçut, en 1832, au moment de sa nomination à la Chambre des pairs, qu'il avait gardé la nationalité allemande. Des lettres de grande naturalisation lui furent octroyées le 26 décembre 1832.

parfaite qui ait paru. Nous sommes excessivement curieux de le lire.

Adieu, mon cher ami; mille affectueux compliments de Humboldt et des enfants. Gardez-nous à tous votre souvenir amical.

Caroline H.

VII.

LETTRE DE M·ᵐᵉ DE HUMBOLDT.

Paris, 2 septembre-15 fructidor (1800).

J'ai un peu tardé à vous écrire, mon cher et bon ami, parce que, ces jours-ci, j'ai été plus occupée que d'habitude. M·ˡˡᵉ Levin[1] est arrivée, il y a dix jours, avec la comtesse Schlabrendorf[2], une nièce de l'ami

---

1. La spirituelle juive, Rachel Levin, avait vingt-neuf ans. Elle s'était déjà fait une place à part, dans le monde berlinois, par son originalité primesautière; son esprit ouvert à toutes les impressions; sa sociabilité que n'altérait jamais sa passion pour la controverse; enfin par une qualité plus rare, chez une femme et chez une juive, par une absolue droiture.
Elle venait se consoler de l'abandon du jeune comte de Finkenstein, qui n'avait pas eu le beau rôle dans la circonstance. Nourrie des idées du XVIIIᵉ siècle et dépourvue de préjugés, Rachel ne fut pas choquée par les allures du monde du Consulat. Ses yeux étaient flattés par les formes françaises; elle connaissait la mode, tout en sachant s'en affranchir, guidée par un instinct délicat. La liberté et la discrétion des relations parisiennes lui semblaient très appréciables, comparées aux exigences des amitiés allemandes s'arrogeant le droit aux confidences. Les quelques mois écoulés dans l'intimité des Humboldt furent pour elle une cure morale. Elle écrivait, à la fin de son séjour : « Je suis allée en France blessée ; j'en reviens calmée, sinon guérie. »

2. La comtesse était une maîtresse femme aux allures viriles, portant le costume masculin en voyage ; fort spirituelle du reste.
Son oncle, le comte Gustave Schlabrendorf, né à Stettin en

que nous avons ici, et nous avons dû aider ces dames à faire leur double déménagement et emménagement. Nous-mêmes, nous avons arrêté pour l'hiver un appartement dont nous prenons possession le 1ᵉʳ vendémiaire (23 septembre) : c'est à l'hôtel Vauban, au second, presque en face du passage des Feuillants, rue Saint-Honoré, n° 88. Vous voyez, mon cher Schweighæuser, qu'à votre retour, vous n'aurez plus une heure de chemin à faire pour venir chez nous. Mais je crains que ce retour ne soit fort éloigné. M. Lenormand [1] a passé la soirée d'hier

---

1750, possesseur d'une grande fortune, habitait Paris depuis le commencement de la Révolution. Haute intelligence, grand philanthrope, il s'occupait de linguistique et de philosophie. Adepte convaincu des idées nouvelles, il s'était fort lié avec les Girondins et fut emprisonné, pendant dix-huit mois, sous la Terreur; il n'avait échappé que par hasard à la guillotine. Pendant le Consulat et plus tard sous l'Empire, il ne fut pas inquiété, bien qu'il eût publié en 1802, à Hambourg, sous la signature d'un ami, J. F. Reichardt, un livre peu favorable à Bonaparte. Il est mort à Paris, le 22 août 1824. Les dix dernières années de sa vie, il les avait passées confiné dans son logis, s'absorbant dans la construction d'une machine destinée à imiter la voix humaine. On le désignait alors sous le nom « d'ermite de la rue Richelieu ».

1. Suivant une lettre inédite de Chardon de la Rochette à G. Schw., « le citoyen Lenormand » était un homme instruit, parlant l'anglais et l'espagnol, qui s'était remis au grec, « à l'âge et à l'exemple du vieux Caton ». Il était « fort aimé dans la maison Le Couteulx de Canteleu » et logeait rue d'Aguesseau, faubourg Saint-Honoré. G. Schw. descendait chez lui, quand il venait de Rouen à Paris.

chez nous; il m'a dit qu'il pensait aller vous retrouver à Coquetot, vers la fin de fructidor. Notre logement sera infiniment moins beau et moins spacieux que celui que nous occupons; mais bien qu'il soit au centre de la ville, il est moins cher, se trouve à bonne exposition et il a vue sur les Tuileries.

J'ai été presque entièrement absorbée, ces temps-ci, par la lecture de *Wallenstein*[1] que nos dames berlinoises m'ont apporté. Il me serait impossible de vous donner aujourd'hui une appréciation raisonnée de cette pièce; elle m'a trop vivement impressionnée pour que j'en parle avec calme. Schiller a dû porter en lui tout un monde de sentiments et d'idées pendant qu'il préparait son œuvre, car elle évoque à son tour un monde d'impressions et d'idées chez le lecteur qui réfléchit. J'étais comme hors de moi à la fin de la dernière scène.

La famille Wallenstein finit ainsi que celle des Atrides : pendant tout le drame, un destin effrayant

---

[1]. La première partie de la belle trilogie de Schiller, le *Camp de Wallenstein*, avait été représentée pour la première fois, le 12 octobre 1798, à l'inauguration du théâtre de Weimar, construit d'après les idées de Goethe; la seconde partie, les *Piccolomini*, avait paru à la scène, le 30 janvier 1799; la troisième partie, la *Mort de Wallenstein*, fut jouée en 1800. La pièce parut complète cette même année à la librairie Cotta, à Tubingue, en 2 volumes petit in-8°.

et irrésistible précipite les événements. Comme dans les tragédies antiques, comme dans Schakespeare, la vie humaine se déroule dans sa variété infinie, s'élevant sur les hauteurs, descendant dans les abimes. *Wallenstein* fait tout revivre devant nos yeux. Chaque caractère, développé dans ses replis les plus profonds et les plus délicats sans rien perdre de son originalité, est marqué par quelques traits expressifs. Les personnages principaux sont placés à une hauteur idéale et cependant la peinture de leur cœur est d'une vérité saisissante. L'épisode des amours de Max Piccolomini et de Thécla, la fille de Wallenstein, est tout entier une création de Schiller; aux types si variés de l'humanité il a su en ajouter deux absolument nouveaux et parfaitement naturels. Il peint l'amour sous des couleurs qui le font luire comme un rayon céleste et il fait comprendre que cet amour est la source de la puissance enchanteresse des âmes qu'il a pénétrées. Par sa pureté virginale, par sa suavité féminine, Thécla rivalise avec les créations les plus belles, les plus touchantes et les plus vraies de Gœthe; de plus, sa grandeur d'âme, sa pénétration, la solidité de son jugement sont telles, qu'avant Schiller, aucun poète ne s'était élevé à une conception semblable. En un mot et en reconnaissant des imperfections dans *Wallenstein*, quelques fautes de goût, beaucoup de vers médiocres, ce drame n'en reste pas moins le plus beau qu'on ait écrit dans notre langue. C'est l'œuvre du génie dans sa maturité et j'avoue que la froideur qui paraît régner, en Allemagne, à l'égard de cette production étonnante me révolte et m'écœure.

....

Pendant votre séjour à Rouen, ne pousserez-vous pas jusqu'à la mer, afin de rapporter du moins l'impression de ce grand spectacle, à défaut d'autre profit?

Humboldt vous fait ses meilleures amitiés. Son œil va beaucoup mieux, sans opération.

Bonne santé de tout cœur.

Caroline Humboldt.

VIII.

LETTRE DE Mme DE HUMBOLDT.

Paris, 24 prairial-13 juin (1801).

Vos lettres m'ont fait grand plaisir, mon cher Schweighæuser, surtout par la certitude qu'elles me donnent de vous revoir avant mon départ. J'attends Humboldt demain matin[1] ; je saurai alors très exactement quel jour nous quitterons Paris. Dans tous les cas, vous nous retrouverez encore ici.

Humboldt revient, semble-t-il, heureux et content de son voyage. Et moi, j'aurai la joie de lui faire embrasser ses enfants bien portants et complètement rétablis. Adélaïde[2] se promène avec moi aux Tuileries, elle a enfin une dent. Je la nourris toujours ; cela lui réussit fort bien, à moi passablement.

J'envoie ma lettre à M. Lenormand, avec prière de vous la faire parvenir à Rouen. Je lui remets aussi *Mungo-Park*[3] ; j'ai complètement oublié à qui il appar-

---

1. G. de H. revenait de son second voyage en Espagne, entrepris pour compléter ses recherches sur la langue basque.
2. Seconde fille vivante de G. de H., née à Paris, le 17 mai 1800.
3. *Relation du premier voyage* de Mungo-Park. Londres, 1799. Traduction française en 1800.

tient. M. Lenormand m'a rapporté *Aristippe*[1] ; comme Tieck est toujours ici et que Camille Jordan[2] m'a demandé le livre, je le lui ai donné.

On m'a écrit d'Allemagne que Schiller vient de composer une nouvelle pièce, *la Pucelle d'Orléans* qui s'imprime en ce moment. Cotta[3] a répandu le bruit en Allemagne, particulièrement à Weimar, que nous sommes si complètement installés à Paris, qu'il faut renoncer à nous voir revenir. Si bien que Mme de Wolzogen[4] me mande que, puisqu'il en est ainsi, elle aussi veut venir à Paris, cet automne, afin de vivre avec moi. Malheureusement, c'est chose impossible !

Demain, je remettrai votre lettre à Humboldt. Ne

---

1. *Aristippe*, un des derniers romans philosophiques de Wieland.

2. C. Jordan, le Pylade de Gérando, ancien membre du Conseil des Cinq-Cents. Contraint de s'exiler après le 18 fructidor, rentré en France en 1800, il se livrait à l'étude des lettres et de la philosophie. C'était un des habitués du salon de Mme de Humboldt.

3. Cotta (J. Frédéric), né à Tübingen, baron de Cattendorf, célèbre libraire, surnommé *le Napoléon de la librairie*, avait été chargé par le gouvernement du Wurtemberg de plusieurs missions auprès du Directoire.

4. Voir ce que Mme de Humboldt en dit, lettre 10 janvier 1808.
Caroline de Wolzogen, née de Lengefeld, sœur aînée de la femme de Schiller. Mariée en premières noces au baron de Beulwitz, elle avait épousé en secondes noces un membre de cette aimable famille de Wolzogen qui avait si bien accueilli Schiller, fugitif et persécuté.

vous imaginez donc pas qu'il ne soit toujours heureux et satisfait de vous posséder sous son toit, et soyez persuadé que vos vrais amis ne font céder leurs désirs personnels qu'à l'intérêt de votre bonheur et de la tranquillité de votre existence.

Humboldt trouvera quelque changement dans notre intérieur : nous perdons Grossius et vraisemblablement nous n'aurons pas de précepteur pour les enfants l'hiver prochain. Nous comptions précisément vivre très retirés pendant cet hiver ; il n'en résultera donc pas d'embarras pour nous et nous aurons toute latitude avant de faire un choix. Comme Grossius désire voir sa famille, au moment de s'éloigner de nouveau pour un temps prolongé, il nous accompagnera sans doute jusqu'à Weimar. Il s'est engagé à faire avec Salmon[1], qui lui assure de très bonnes conditions, un voyage en Espagne et dans toute l'Italie. La visite de l'Italie devant lui procurer, au point de vue artistique, des avantages inappréciables pour son instruction et pour son avenir, il m'a été impossible

---

1. Salmon (Don Manuel Gonzalve), alors adjoint à l'ambassade en Saxe, puis secrétaire, et plus tard ministre des affaires étrangères d'Espagne. C'est lui qui, comme ministre, signa, le 30 décembre 1828, le traité allouant à la France 80 millions pour dédommagement des frais de la campagne de 1823. Il fut nommé à cette occasion grand-croix de la Légion d'honneur. Né à Cadix en 1778, mort à Madrid le 19 janvier 1832.

de lui opposer la moindre objection et j'obtiendrai l'agrément de Humboldt.

Adieu, cher ami, je me réjouis de vous revoir; les enfants saluent et embrassent leur bon ami. Plus de détails de vive voix; il me reste à peine le temps de faire porter ma lettre. Adieu.

Caroline.

IX.

LETTRE DE GUILLAUME DE HUMBOLDT.

Berlin, 24 octobre 1801.

Votre lettre, mon cher ami, m'a causé une joie profonde et m'a infiniment intéressé. Il faut continuer à m'écrire très souvent et à me donner de nos anciens amis des nouvelles aussi divertissantes que les dernières. Ne vous laissez pas décourager par ma réponse un peu tardive, cette fois; à l'avenir, cela n'arrivera plus, il y est pourvu d'une façon assez certaine par la distribution de mon temps. Comme vous le voyez, je suis à Berlin et non à la campagne; ce n'est pas par goût, mais par nécessité. En général, depuis que j'ai quitté la France, tout a été à l'encontre de mes projets et de mes désirs. En premier lieu, pour ne parler que du principal, je n'ai pas séjourné comme je l'aurais voulu à Weimar : Gœthe ne s'y trouvait pas, Schiller et Mme de Wolzogen partaient en voyage; je n'ai pu les voir que peu de jours. Puis, il règne à Tegel[1], ma petite propriété, une épidémie

---

1. Tegel, la résidence préférée de G. H., est un domaine situé près du village de ce nom, sur le bord est du petit lac de Span-

de scarlatine de si mauvaise nature, que je n'ose me risquer, en ce moment, à y conduire ma famille. Je resterai donc quelques mois à Berlin, ce qui ne me sourit guère; dès que l'on est condamné à choisir une ville pour sa résidence, toute autre ville que Paris est et reste peu plaisante. J'ai été trop occupé par mon installation pour travailler beaucoup, mais j'espère m'y mettre et je me promets alors plus de plaisir de mon séjour ici que je n'en ai eu. Mon intention est, tant que je demeurerai en ville et avant d'entreprendre un nouveau voyage, de m'occuper à fond de la littérature allemande; ce sera de la besogne pour une couple d'années.

En ce moment, je dois l'avouer, il se produit un temps d'arrêt fâcheux en poésie et, il faut en convenir, également en philosophie. A l'exception des œuvres de Schiller et de quelques rares productions des Schlegel, il n'y a rien à signaler en poésie. Si Suard [1]

---

dau, à 15 kilomètres environ de Berlin. Le domaine avait été concédé au père de Guillaume et d'Alexandre de Humboldt par le Grand Électeur de Brandebourg, à titre de bail emphytéotique; Guillaume, fils aîné, le possédait le premier à titre seigneurial.

Une obligeante communication d'un ami de la famille de H. nous permet de donner une vue du château de Tegel, d'après une photographie récente. On trouvera à l'appendice n° 12 quelques détails sur cette habitation.

1. Suard, secrétaire perpétuel de la 2ᵉ classe de l'Institut, directeur du *Publiciste*, était une autorité.

et autres entendaient disserter ici sur la métaphysique, notamment sur celle de Kant et de Fichte, ils riraient bien! Car on ne tient, à vrai dire, ces deux hommes que pour des rêveurs (*Grübler*); beaucoup de gens considèrent même le dernier comme un cerveau fêlé (*Tollhäusler*). Dans le domaine de l'histoire, il n'y a absolument rien de sérieux à attendre : Gentz[1] renonce à peu près à écrire; Woltmann[2] n'a jamais valu grand'chose et vaut moins que jamais. Bref, je veux croire et surtout *espérer* que la littérature allemande fait meilleure figure à

---

1. Fréd. de Gentz, ami de jeunesse de G. de H., avait du sang français dans les veines ; sa mère était fille d'un réfugié calviniste. Il est difficile de se figurer deux natures plus opposées que celles des deux amis : le premier, sensuel raffiné ; le second, type d'idéaliste. Gentz, avec son esprit vif, net et sagace, devait agir sur G. de H. comme l'étincelle sur le courant latent.

En 1801, Gentz s'était fait connaître par une traduction du livre de Burke sur la Révolution, avec introduction, notes et suppléments, plus hostiles aux idées nouvelles que l'original même. Et en 1799, il avait publié un *Journal historique* qu'il rédigeait à peu près seul, en suivant les mêmes tendances. Mais le spirituel blasé, qui devait faire bercer sa vieillesse par Fanny Essler, était plus enclin à laisser reposer, qu'à manier sa plume alerte.

2. Woltmann (Charles-Louis von), ancien professeur à Iéna où G. de H. l'avait connu, avait publié, en 1797, une *Histoire de France* et fondé, en 1799, un recueil mensuel intitulé : *Histoire et Politique*. Ces travaux, comme ceux qu'il fit paraître plus tard, ont un certain brillant ; mais ils sont dépourvus de sûreté dans les recherches et de profondeur dans les réflexions. Les jugements de Woltmann sont souvent aussi présomptueux que contestables. G. de H. le trouvait faible en esthétique, affecté et sans idées en critique.

Paris qu'à Berlin. Elle a véritablement un peu besoin, aujourd'hui, de l'auréole dont l'ignorance l'entoure là-bas. Il n'y a pas de mal à ce que l'on y confonde les époques, puisque l'époque présente est si pauvre.

Vous serez très satisfait de la *Pucelle d'Orléans* de Schiller [1]. Il est merveilleux et charmant de voir quelle vie et quelle animation il a su mettre dans ce drame. C'est la plus shakespearienne de ses œuvres, elle révèle une intensité de pensée et une profondeur de sensibilité qu'on ne retrouve dans aucun de ses drames précédents. Vous avez certainement lu *Marie Stuart* [2] ? Qu'en pensez-vous ?

Tout ce que vous mandez de Villers [3] m'a fort

---

1. *Die Jungfrau von Orleans, eine romantische Tragœdie*, parut à Berlin chez J. Fr. Unger en 1801 dans un almanach d'étrennes : *Kalender auf das Jahr* 1802. In-16, 260 p. La pièce est précédée de 14 feuillets donnant les jours et mois d'après les calendriers grégorien, russe, républicain et juif; elle est suivie de 38 feuillets consacrés à la généalogie des souverains et princes de l'Europe.

2. *Marie Stuart,* Tübingen, Cotta. 1801. In-8°. 1 f. et 237 p.

3. Le studieux Charles de Villers, qui s'était donné la mission de servir d'intermédiaire entre l'esprit français et l'esprit allemand, venait de faire paraître son livre, *Philosophie de Kant ou Principes fondamentaux de la Philosophie transcendantale* (Metz, 1801). On peut dire à la décharge de Villers, qu'au moment où il essayait de vulgariser les théories du penseur de Kœnigsberg, la prose française ne lui offrait ni termes ni formules consacrés pour l'expression d'idées et de procédés d'analyse, ignorés par les philosophes français, ne préconisant, depuis près d'un siècle, que des

amusé. Il n'est pas possible que son livre ait un véritable succès; tout au plus, jouira-t-il d'une vogue passagère, comme cela arrive en France pour toute nouveauté. Son ton dithyrambique contraste d'ailleurs d'une manière choquante avec ce qu'il gazouille (*lispelt*). Gérando, qui m'écrit à son sujet, ne raisonne vraiment pas mal là-dessus. Mais il est effrayant de constater que, même après le livre de Villers, Gérando continue à ne pas se douter que la philosophie de Kant est autre chose que celle de Locke [1]! Il devient de plus en plus évident pour moi, qu'il existe infiniment peu de gens capables de comprendre ce qu'est la métaphysique. En réalité, les querelles philosophiques se passent entre quelques adeptes et la masse du public; les premiers traitent

---

doctrines matérialistes, plus ou moins dissimulées. Le témoignage de G. de H. prouve que les compatriotes de Kant n'étaient guère familiarisés eux-mêmes avec les énigmes transcendantales.

1. Gérando est un éclectique. Dans son Mémoire couronné à Berlin, en 1802, *Sur la génération des connaissances humaines*, qui fut le germe de son *Histoire comparée des systèmes philosophiques* (1804), il s'éloigne de la *Table rase* de Locke et reconnaît l'activité propre de l'esprit, sans s'élever toutefois à la théorie des notions pures de la raison (idéalisme de Kant). Tout en niant les idées innées, antérieures à la conscience, il n'admet pas, non plus, que ces idées ne viennent que des sens. Entre les notions de pure raison et les idées sensibles, il place un travail des facultés secondaires de l'intelligence, fécondant les éléments fournis par la perception.

le reste d'aveugles, le public traite les adeptes de cerveaux fêlés et le débat devient facilement interminable. Moi, qui suis toujours très neutre, je ne sais vraiment à qui donner raison. Mais ceux qui ont tort, à coup sûr, sont ceux qui se figurent être métaphysiciens et qui ne le sont pas. Pour suivre ma comparaison de tantôt, ces gens-là veulent paraître fêlés sans l'être; or ce rôle n'est tolérable que chez celui qui est réellement timbré. Les Français n'appartiennent pas à la catégorie qui a absolument tort. Ils se disent bien métaphysiciens; mais aussitôt qu'on leur explique ce que l'on entend par métaphysique, ils s'empressent de se dédire. Si vous me promettez de ne pas me trahir, je vous confierai qu'à mon avis, Villers est de la classe de ceux qui ont tort. Il ne connaît pas, plus que les autres, le fond de la métaphysique et n'en donne que la coque au lieu de l'amande. S'il en était autrement, il n'aurait pas présenté, d'une façon si sèche et si raide, un système philosophique, choisissant, sans que l'on s'explique vraiment pourquoi, celui de Kant[1].

---

[1]. A propos de Kant, on trouve parmi les papiers de G. Schw., une curieuse revendication de priorité philosophique, formulée dans une lettre de son père, qui est reproduite en extrait à l'appendice n° 7.

Quand Suard prétend que ses compatriotes sont tous, aujourd'hui, sans attache pour le système d'Helvétius, il me semble dans l'erreur. En tant que système, celui d'Helvétius a pu rencontrer beaucoup de contradicteurs, surtout dans son entourage. Mais vous conviendrez certainement avec moi qu'actuellement, en France plus qu'ailleurs, on est nettement matérialiste ou spiritualiste. Du reste, chez aucun peuple, il n'existe de système absolument dominant. Mais les combinaisons hybrides de systèmes de morale, tels que le système esthétique et celui qui se fonde sur les impressions morales, distinctes du sentiment religieux, — combinaisons fréquentes en Allemagne ou en Angleterre avant Kant, — me semblent avoir toujours eu peu de succès en France.

Vous avez certainement dû voir, chez Millin[1] ou ailleurs, l'édition préparée par Wolff des quatre harangues de Cicéron qu'il déclare apocryphes[2]. Qu'en

---

1. Millin, conservateur du cabinet des médailles depuis 1794, savant lettré et archéologue, directeur du volumineux recueil scientifique et littéraire *Le Magasin encyclopédique*.

2. G. H. portait aux travaux du philologue F. A. Wolff l'intérêt d'un disciple zélé pour son maître. Après avoir mis en rumeur le camp des hellénistes, par les *Prolégomènes* sur Homère (1795), la critique savante mais aventureuse de Wolff s'en prenait aux quatre harangues : *Post reditum in senatu; Ad quirites post senatum;*

dit-on à Paris? Renseignez-moi avec détails, c'est-à-dire en me parlant de chaque philologue notable en particulier. En Allemagne, il ne paraît y avoir qu'une voix pour la non-authenticité.

J'aurais maintenant une requête littéraire à vous adresser. Sur le premier feuillet d'un Nouveau Testament traduit en basque et conservé à la Bibliothèque, il existe une note manuscrite portant que de Thou, dans un passage de son *Histoire,* mentionne ladite traduction. J'ai transcrit, à Paris, le passage de de Thou, mais j'ai égaré ma copie de la note manuscrite. Voudriez-vous vous faire donner par Van Praet[1] le livre basque et transcrire la note, ainsi que l'indication du livre et du chapitre de de Thou. Saluez particulièrement Van Praet de ma part et demandez-lui si on lui a rendu Oihenhart, *Proverbes basques*[2]; j'avais chargé Tieck de les lui renvoyer.

Pro domo sua ad Pontifices ; De haruspicum responsa. Le *Pro Marcello* devait subir la même épreuve. Dans l'état actuel de la critique, si l'on discute le *Ad quirites* et certaines parties du *Pro Marcello,* interpolées, dit-on, l'authenticité des autres harangues paraît admise.

1. Le savant bibliographe, pendant plus d'un demi-siècle (1784-1837) le modèle des bibliothécaires de la Nationale. Né à Bruges, naturalisé en 1814.

2. Recueillis par le sieur d'Oihenhart, plus les poésies basques du même auteur. *Paris,* 1656, 2 parties en 1 vol. pet. in-8°.

Que devient M*me* de Staël? Elle est probablement rentrée à Paris en ce moment. Demandez-lui, si elle a reçu ma lettre datée de Burgörner[1]? Je crois que j'ai un peu perdu dans sa faveur, à cause de mon voyage basque; ce serait payer cher un des fleurons de ma couronne de martyr espagnol. Si vous voulez être aimable, faites un petit effort et rétablissez-moi sur un bon pied auprès d'elle . . . .
. . . .

Adieu de tout cœur, mon cher et bon ami.

Ma femme vous salue affectueusement, ainsi que nos aînés. Nous allons bien; cependant pas aussi bien, ici chez nous, qu'à Paris.

De tout cœur,

Votre Humboldt.

Mon adresse est : Berlin, rue de Leipzig, n° 89.

P.-S. — Priez Gérando de m'excuser, si je ne lui réponds pas de suite. Il m'a chargé de lui envoyer une liste de quelques ouvrages philosophiques; pour la rédiger, il me faut un certain temps et je n'ai reçu que depuis peu de jours sa lettre, adressée à Berlin,

---

1. Burgörner, domaine appartenant à M*me* de H.; près Hettstadt, dans la Saxe prussienne.

alors que je me trouvais à la campagne. Je pourrais lui écrire deux fois : au sujet de sa paternité d'abord et, plus tard, à propos de philosophie. Mais pourquoi, ne pouvant affranchir mes lettres, lui faire payer deux ports très élevés? Exprimez-lui donc verbalement, cette fois, mes vœux pour lui et pour sa femme, à l'occasion de la naissance de la petite Fanny. Saluez toutes nos connaissances, au sens le plus large du mot; j'aurai ainsi le plaisir de croire qu'en prononçant souvent mon nom, vous penserez souvent à moi.

X.

LETTRE DE GUILLAUME DE HUMBOLDT.

(Berlin), 15 mars (1802?).

Très cher ami, je lis et j'entends, au sujet de notre amie de la rue de Grenelle, des bruits si inquiétants[1], que je m'adresse à vous pour vous prier de me donner au plus tôt, si cela est possible, une certitude dont je suis impatient. Je m'étonne un peu qu'elle n'ait pas répondu à ma dernière lettre; non pas que j'exige des autres une promptitude que je n'ai pas moi-même, mais je connais sa façon d'agir et son silence me paraît singulier. Otez-moi donc ce sujet de préoccupation. Avant que je n'aie appris quelque chose de positif sur son compte, je ne lui écrirai pas. J'aurais peine à me figurer Paris sans elle, et je ne saurais croire à la nouvelle donnée récemment, dans les gazettes allemandes, parce que cette femme ne peut jamais être dangereuse; ses défauts, que nous connaissons, sont, me semble-t-il, faciles à tolérer[2].

---

1. Il s'agit du premier exil à quarante lieues de Paris.
2. Voir à l'appendice n° 6 un jugement de G. de H. sur Mme de Staël.

Ma femme va beaucoup mieux. Nous sommes à la campagne ; je travaille beaucoup en ce moment, principalement l'étymologie. Tous deux nous souhaitons souvent de vous voir ici. Fasse un heureux destin que bientôt nous nous retrouvions ensemble, et à Paris plutôt qu'ici, où cela sent un peu trop le Nord.

Dites-moi aussi un mot de Schlabrendorf[1], surtout s'il compte venir ici au printemps. Saluez cordialement toutes nos connaissances et portez-vous bien, très bien.

De tout cœur,

        Votre Humboldt.

---

1. G. Schw. était en rapports littéraires avec le comte de Schlabrendorf. Chargé par cet amateur érudit de préparer l'édition stéréotypée du troisième volume des *Caractères* de La Bruyère qui comprenait le texte de Théophraste, G. Schw. ajouta des fragments nouveaux à ce texte, rédigea des notes et donna, en guise d'introduction, un *Essai sur l'Histoire de la philosophie*.

XI.

LETTRE DE GUILLAUME DE HUMBOLDT.

Berlin, 30 mai 1802.

Enfin, je puis vous donner la bonne nouvelle que vous devez attendre avec une pénible impatience, depuis un certain temps. Ma femme est heureusement accouchée avant-hier d'une fille[1]; plus heureusement vraiment que nous ne l'espérions.

L'enfant va bien; l'état de la mère est aussi satisfaisant qu'on peut le désirer. Elle vous salue cordialement et nous serons tous deux charmés de recevoir bientôt de vos nouvelles.

Je vous informe aussi, cher ami, qu'avec l'automne, ma situation changera. Je suis nommé *Résident* à Rome et j'irai porter, en passant, des félicitations au roi d'Étrurie[2]. Vous savez combien nous aimons les voyages et quel était notre désir de voir l'Italie. Nous sommes donc très satisfaits à tous égards.

S'il se présentait pour vous la moindre possibilité

---

1. Gabrielle, troisième fille vivante de G. de Humboldt.

2. Louis, fils de l'Infant Ferdinand, duc de Parme, roi d'Étrurie par suite du traité de Lunéville.

d'un voyage à Rome, ne doutez pas du plaisir que nous aurions à vous recevoir. Nous en serions d'autant plus heureux, que nous n'avons guère l'espoir d'aller de sitôt à Paris.

Je suis fort occupé aujourd'hui, cher ami ; portez-vous bien et faites part de la délivrance de ma femme à ceux qui vous paraîtront devoir s'y intéresser.

Pardonnez-moi de mettre sous cette enveloppe une lettre à l'adresse de Metzger. Cet excellent homme[1] a toujours témoigné tant de sympathie à ma femme, que je désire lui donner des nouvelles, dès maintenant, et je ne sais même plus s'il est à Paris.

Adieu.

Humboldt.

P.-S. — Met-on toujours *citoyen*[2] sur les adres-

---

1. Nous donnons, à l'appendice n° 4, deux extraits de lettres inédites de Metzger qui montrent sur quel pied il avait été dans la maison Humboldt, et qui prouvent que l'épithète « excellent » que lui décerne G. de H. était justifiée.

2. Jusqu'à la présente lettre, G. de H. mettait *citoyen* sur les adresses qui se trouvent au dos des lettres ; les suivantes portent : A *Monsieur* G. Schweighæuser.

On peut rappeler ici le vers par lequel Andrieux termine son *Dialogue entre deux journalistes sur les mots Monsieur et Citoyen*, inséré dans les Mémoires de l'Institut de l'an VI :

« Appelez-vous Messieurs, mais soyez citoyens. »

ses? J'aime à être fixé *positivement* sur ces détails et je vous demande une réponse sérieuse.

En 1802, on devenait *gros monsieur,* tout en se croyant fort *bon citoyen.*
Le président Dupin a cité ce vers avec à-propos, à l'occasion d'une séance orageuse de l'Assemblée législative, le 6 octobre 1849.

XII.

LETTRE DE Mme DE HUMBOLDT.

Rome, 10 janvier 1803.

Pardonnez-moi, mon cher ami, de ne vous avoir pas écrit depuis si longtemps, et d'avoir même laissé sans réponse la lettre affectueuse par laquelle vous me félicitiez de mon rétablissement. Depuis que ma santé est revenue, ma vie a été un enchaînement d'occupations et de dérangements de toutes sortes qui, pendant bien des semaines, ne m'ont pas laissé une heure disponible. J'en suis à peu près sortie et passablement installée enfin.

Les enfants et Humboldt vont bien; j'en dirai autant de moi. Je compte avoir maintenant quelque repos et je me réjouis à la pensée de pouvoir entretenir une correspondance très active avec mes amis au loin. Vous savez, mon cher Schweighæuser, quelle place vous occupez parmi eux ; vous me procurerez une véritable satisfaction, en me donnant bientôt une preuve de votre souvenir.

Me voici donc dans cette Rome dont je rêvais, dès ma première jeunesse, et m'y voici à l'âge de la femme ! Je trouve Rome tout à fait différente de ce que je me l'étais figurée et il doit en être de même pour tous ceux qui ne l'ont pas visitée. On prétend que ses environs ne sont pas beaux; moi, je les trouve des plus beaux que l'on puisse imaginer. Les massifs isolés de montagnes qui encadrent l'horizon sont imposants et, malgré cela, d'un aspect singulièrement attrayant. C'est là du reste le caractère général des paysages italiens : grâce et majesté réunies, et cette alliance rare produit une impression de calme que je ne me souviens pas avoir ressentie aussi profondément ailleurs. Le climat est d'une douceur extrême : jusqu'à présent, nous avons eu à peine deux ou trois jours froids, pendant lesquels un feu de cheminée eût fait plaisir ; le reste du temps, depuis la fin de novembre dernier, époque de notre arrivée, nous avons joui d'une température printanière, douce, presque chaude. L'herbe ne se décolore ni ne se dessèche en hiver ; elle est, au contraire, plus verte qu'en été et la place qui entoure l'immense Colisée est, en ce moment, une fraîche prairie. Tous les jardins sont garnis de feuilles et de fleurs, on se douterait à peine que l'on est dans la plus mauvaise saison de l'année. Voilà bien des agréments et ce n'est pas tout !

Comme ville moderne, Rome est déplaisante. Ses rues sont mal tenues, non pas à cause de la foule ou des voitures qui y circulent, mais parce qu'il est permis d'y jeter la poussière, les ordures et tous les déchets. Les habitations, sans distinction des palais et des maisons bourgeoises, sont tendues de linge à sécher ; presque toutes les grandes places sont envahies par les blanchisseuses. Les belles maisons sont à peu près cachées par d'autres bâtisses ; elles ont de vilaines entrées et d'autres désagréments. Deux ou trois rues donnent seules l'idée d'une grande cité ; le reste ne mérite pas mention et l'Italie possède certainement d'autres villes plus belles. Rome est cependant la plus curieuse et la plus importante de toutes celles qui existent. Nulle part, le contraste immédiat d'un passé majestueux avec les misères du présent n'est aussi accusé : d'une place malpropre, d'aspect misérable, encombrée de masures, on aperçoit le portique du Panthéon ; on y pénètre, et quel est l'homme de goût et de sentiment qui ne soit pas frappé d'une admiration muette en présence de l'harmonie de cet édifice grandiose, éclairé par la douce lumière tombant de la coupole ouverte.

Il en est ainsi partout à Rome : au milieu des débris de la grandeur humaine, on se heurte sans transition aux témoignages les plus repoussants de l'extrême misère. Je crois qu'à la longue, il doit résulter une impression grave, peut-être même douloureuse,

— 63 —

de l'impudence avec laquelle tout cela s'étale, de ce triomphe de l'ignoble sur le beau.

Parmi les gens que nous avons vus, nous n'en avons guère rencontré jusqu'à présent qui nous aient intéressés. Le meilleur d'entre eux peut-être, Fernow[1], quitte Rome au printemps pour aller à Iéna. Nous vivons au surplus de cette paisible vie de famille que vous connaissez; c'est un des agréments de Rome de ne pas être fatigué par les obligations sociales. Quelques-uns des artistes que nous voyions journellement à Paris sont ici, notamment Schick[2] et Grass[3]. Nous avons retrouvé Grossius à Livourne

---

1. Fernow (Charles Louis) s'était voué à l'histoire et à la critique de l'art, dans laquelle il appliquait les idées de Kant en esthétique. Il était aussi très versé dans la littérature italienne et a laissé deux bons livres sur l'Arioste et Pétrarque. Dans ses *Rœmische Studien* (Études romaines, 1806-1808), un chapitre sur « le Coloris en peinture » est dédié à notre « baronne de Humboldt ». Il est mort en 1808, bibliothécaire de la duchesse Amélie de Saxe-Weimar.

2. Schick (Gottlieb), 1779-1812, bon peintre wurtembergois, distingué par son coloris et une imitation délicate de la nature, avait fréquenté l'atelier de David. Ses deux principaux tableaux : *Apollon chez les Bergers* et *Le Sacrifice de Noé*, sont au musée de Stuttgart. En 1845, on voyait au château de Tegel quatre remarquables portraits à l'huile de Schick : Mme de H. avec ses enfants; Mme de H. avec un de ses fils; Caroline, sa fille aînée, grandeur naturelle; Adélaïde et Gabrielle formant groupe.

3. Carl Grass, Livonien de naissance, était un paysagiste de talent moyen, bon enfant et enthousiaste de Schiller. G. de H. le recevait avec bienveillance à Rome et à Albano, tout en se moquant un peu de lui. On a de Grass un assez agréable récit d'un « Voyage en Sicile ».

avec M. Salmon; après leur voyage en Sicile, ils ont attendu plus de trois mois un vent favorable, avant de s'embarquer pour Smyrne où ils doivent être arrivés, si la traversée a été bonne. Nous avons vu Tieck, en dernier lieu, à Weimar où nous avons passé trois jours avec nos amis; il était fort occupé de divers travaux au nouveau palais ducal. Malheureusement nous n'avons pas rencontré Mme de Wolzogen. Vous l'avez vue et vous avez joui de sa conversation; dites-moi si vous avez jamais rencontré une pareille activité d'esprit unie à autant de simplicité; une aussi exquise délicatesse de sentiment s'alliant à la raison la plus pénétrante. Si quelque chose peut me consoler de ne l'avoir pas vue avant de quitter l'Allemagne, c'est la pensée qu'elle se trouvait à Paris, qu'elle s'y plaisait et que beaucoup de mes plus chers amis l'appréciaient et l'aimaient. Elle me fait espérer qu'elle viendra à Rome; mais quand? Mon cœur soupire vers l'avenir et cependant je jouis, plus que je ne puis dire, d'un présent beau et rassurant. Mes enfants s'élèvent à ma joie et leur parfait développement physique me fait augurer que leur intelligence sera également belle et saine. Les trois aînés vous gardent toujours le plus tendre souvenir; Caroline vous en donne une preuve, en vous écrivant elle-même. Je suis fréquemment émue, en remarquant quelle faculté la nature a donnée à cette enfant de conserver ses impressions et de les garder, avec une fidélité silencieuse, dans son cœur aimant. Outre la joie que j'éprouve à voir mes enfants se développer heureusement, les arts me procurent des jouissances inépuisables. Malgré tout ce que l'on peut admirer à Paris et en Espagne, c'est ici seulement que l'on apprend à connaître Raphaël et que l'on comprend que, chez lui, l'homme s'élève divinement au-dessus de l'artiste. C'est un des plus heureux mortels qui aient existé : quelle harmonie dans sa nature, quelle fécondité intarissable dans ses conceptions du beau et quel bonheur, pour lui, d'avoir réussi à leur donner une forme et une expression !

Vous avez vu sans doute ou vous allez voir, à Paris, la *Pallas de Velletri*[1] ; je vais souvent en contempler le plâtre. Croyez-vous qu'il existe une œuvre plus belle ? N'êtes-vous pas saisi d'une vénération muette pour l'artiste qui a conçu cette noble statue et qui a su allier dans l'exécution, d'une façon aussi harmonieuse, tant de grandeur à tant de calme ?

Portez-vous bien, mon cher Schweighæuser ; je souhaite du fond du cœur de vous voir ici ou en

---

1. C'est la *Pallas* que Denon, dans un rapport sur l'arrivée à Paris des Antiques amenés d'Italie, lu à l'Institut en 1803, qualifie de « chef-d'œuvre inconnu ».

France. Ma santé est redevenue bonne, cependant il m'est resté quelque chose de ma maladie: physiquement et moralement, je me sens changée; de si longues souffrances laissent des traces. Adieu; écrivez-moi bientôt, parlez-moi de votre position, de votre famille, de nos relations communes. Humboldt vous fait ses amitiés. Adieu.

Caroline de H.

Connaissez-vous déjà la poésie de Schiller où se trouve le passage suivant :

Plus splendidement que nous dans notre Nord — est logé le mendiant de la porte Saint-Ange ; — car il voit Rome, l'éternelle, l'unique! — Le rayonnement du beau l'enveloppe — et, comme un second ciel dans le ciel, — s'élève de Saint-Pierre le dôme merveilleux. — Mais Rome dans toute sa splendeur — n'est que le tombeau du passé; — la vie ne s'exhale que de la jeune plante — éclose à l'heure nouvelle [1].

---

1. *Præchtiger, als wir in unserm Norden,*
    Wohnt der Bettler an der Engelspforten,
    Denn er sieht das ewig einz'ge Rom!
    Ihn umgibt der Schœnheit Glanzgewimmel,
    Und ein zweiter Himmel in den Himmel
    Steigt Sanct Peters wunderbarer Dom.
       Aber Rom in allem seinem Glanze
       Ist ein Grab nur der Vergangenheit ;
       Leben duftet nur die frische Pflanze,
       Die die grüne Stunde streut.

Ces vers sont pris dans la pièce intitulée : *An die Freunde* — Aux Amis —. Il existe une légère variante entre la citation et les textes imprimés depuis : au dernier vers, l'épithète *grüne* (verte) est remplacée par *junge* (jeune) [V. *Gedichte von Schiller*. 2 vol., Leipzig, 1800-1803.]

XIII.

LETTRE DE GUILLAUME DE HUMBOLDT.

Rome, 6 juillet 1803.

Votre billet du 17 du mois dernier, que j'ai reçu hier, cher ami, m'a tellement touché, que j'y réponds sans perdre un instant. Il y a des mois que je me proposais de vous écrire; je ne sais comment j'ai tant tardé à le faire, car je suis devenu un correspondant beaucoup plus régulier qu'autrefois. Mais dorénavant vous n'aurez plus sujet de vous plaindre et je vous prie de m'écrire très fréquemment, en me donnant beaucoup de détails sur ce qui vous touche.

Que vous restiez fidèle à la littérature allemande et que, de plus, vous vous lanciez, tout au fond de la France[1], dans la métaphysique, cela me charme.

---

1. G. Schw., entré en fructidor an X (août-septembre 1802), chez M. Voyer d'Argenson, comme précepteur, venait de s'installer en Poitou, au château des Ormes, près Châtellerault. Cette belle résidence avait été construite par l'arrière-grand-père de son élève, le comte d'Argenson, secrétaire d'État à la guerre sous Louis XV, auquel Diderot et d'Alembert ont dédié l'*Encyclopédie*. — L'élève de G. Schw., René d'Argenson, né en 1796, mort en 1862, frère utérin de feu le duc Victor de Broglie, a été, comme son maître, un

Je donnerais beaucoup pour pouvoir causer de temps à autre avec vous ; je m'instruirais auprès de vous, car je suis devenu fort étranger à tous ces systèmes et je ne connais celui de Schelling[1] que par ouï-dire. De prime abord, je partage votre opinion : je n'ai jamais fait grand état de la philosophie allemande, du moins quant à ses résultats ; il n'en est pas de même de sa méthode. La vraie méthode philosophique est absolument ruinée en France ; elle l'est si bien, que s'il est vrai à notre époque que ce qu'une nation peut produire de bon dépend de sa culture, la nation qui adopte la méthode française, et la tient pour la seule vraie, peut être considérée comme perdue intellectuellement, politiquement, moralement. Pour parler plus nettement et avec plus de pré-

---

archéologue distingué. On lui doit la publication des *Mémoires du marquis d'Argenson*, son grand-père, et celle des *Discours et opinions* de son père. Son fils, veuf de la fille du comte d'Argout, gouverneur de la Banque de France, habite le château des Ormes.

1. Schelling, après s'être remis sur les bancs, afin de compléter son instruction scientifique et s'être fait recevoir docteur en médecine en 1802, avait quitté Iéna à la suite du départ de Fichte dont il avait groupé, un moment, les disciples autour de lui. Ses principaux ouvrages avaient été : *Essai d'un système de philosophie de la nature*, 1799 ; *Système de l'idéalisme transcendantal* (1800). Son antagonisme avec Fichte ne s'était pas encore ouvertement déclaré ; cela explique comment G. de H. peut parler plus loin de « l'identité » de leurs systèmes philosophiques.

cision, on pourrait dire que les Allemands sont seuls à avoir de réelles aspirations philosophiques. Chez tous les autres peuples, surtout chez les Anglais, on ne rencontre qu'un grossier matérialisme. — Quant au vide et à l'identité des systèmes de Fichte[1] et de Schelling, je suis absolument de votre avis. Il y a cependant, dans le premier de ces deux systèmes, — ainsi que je l'ai dit, je ne connais pas le second pour l'avoir étudié moi-même, — un point qui m'a toujours séduit et qui ne m'a pas semblé aussi creux que le reste. Fichte part d'un acte réel de la pensée intime qui est la base de toute sa philosophie. Chez lui, cet acte est d'essence pratique et comme il fonde toute sa théorie sur cet élément d'action, il m'a toujours paru qu'il entend par là la conviction intime et expérimentée de l'indépendance du moi vis-à-vis du non-moi, résultant des lois mêmes de la nature humaine. Comme cette conviction n'est pas le fait du savoir (*Kein Wissen*), elle ne peut être que l'effet

---

[1]. Antérieurement à 1803, Fichte avait publié un *Essai d'une critique de toute révélation* (1792), que le public prit d'abord pour un écrit de Kant; l'*Idée sur la théorie de la science* (1794); *Leçons sur les devoirs du savant;* les *Fondements du droit naturel* (1796-1799) et le *Système de morale* (1798). Son plus récent écrit : *Fondement de notre foi en un gouvernement moral du monde,* l'avait fait accuser d'athéisme. Banni de Saxe, il avait dû quitter l'Université d'Iéna et s'était retiré à Berlin.

du vouloir (*Willen* — l'acte libre du moi). Cette base solide me semble le point de départ de tout ce que Fichte écrit; mais de là provient aussi sans doute ce que l'on trouve d'obscur ou de creux dans son système. Tout ce qui en constitue la partie purement théorique, que vous l'appeliez commentaires, déductions de l'hypothèse ou plus exactement appareil nécessaire — nécessaire pour trancher pratiquement le nœud que l'on ne peut dénouer théoriquement — revient toujours au même et n'est que l'expression, reproduite sous des formes variées, de la dépendance réciproque du moi et du non-moi, malgré leur indépendance radicale apparente. Mais l'être réel absolu reste un prodige que la théorie est impuissante à expliquer et qui, en outre, court le risque d'être interprété d'une façon matérialiste et fâcheuse. Comme il faut cependant que l'ensemble de son système aboutisse à un idéalisme pur et comme tout ce qui est intelligible s'y résout en apparences, l'être absolu reste insaisissable.

On ne peut néanmoins contester qu'il n'existe dans l'homme une lueur d'un monde autre, lueur que les Anciens n'ont jamais méconnue, bien que Platon, entre autres, n'en ait parlé que sous une forme poétique. Pour moi, le critérium d'une vraie philosophie est celui-ci : rend-elle cette lueur plus vive ou bien l'obscurcit-elle? Dans le dernier cas, non seulement il n'y a rien de bon à en espérer, mais on peut s'attendre aux pires conséquences.

Vous conviendrez avec moi, qu'à ce point de vue, il n'y a plus que la philosophie allemande qui mérite quelque estime.

Mais ne serait-il pas possible de fonder un système de métaphysique reliant plus étroitement la plénitude de la vie de la nature à l'être absolu? C'est une question qui me paraît digne des plus sérieuses méditations. Si elle est susceptible d'une solution affirmative, on ne pourra y arriver en remplissant les conditions requises qu'à l'aide de principes antérieurs purement abstraits, conçus par un esprit philosophique purifié comme au feu; tout vestige de matérialisme doit être réduit en cendres. Sans cela, on ne saurait espérer de progrès.

Cette possibilité me préoccupe en Italie plus qu'elle n'a fait ailleurs. Il n'est pas de contrée qui inspire autant de répulsion pour les systèmes creux ou outrés. Nulle part la nature n'invite mieux à jouir de la vie, tout en indiquant de sages limites à cette jouissance par la mesure qui préside à toutes les formes matérielles. On peut dire de l'Italie ce que l'on dit parfois d'un tableau : il est fait avec rien et laisse néanmoins une impression profonde. Jamais on ne s'étonne ici; souvent même, on ne se rend pas compte à première vue de la beauté d'un aspect, on ne la comprend que plus tard. Mais l'impression pénètre insensiblement et finit par s'emparer complètement de vous. Je me sens déjà vivement fasciné; il faudra des efforts et du temps pour me détacher. Puis viennent les antiquités et les souvenirs! Il y a, à Rome, un site qui est ma station préférée : c'est une terrasse du vieux Palais des Empereurs sur le Palatin. Puissiez-vous un jour embrasser de là, d'un coup d'œil, les ruines du Colisée, les Thermes de Caracalla, la sombre pyramide de Caïus Cestius, le solitaire et romantique Aventin, les collines du Latium et les sommets des Apennins souvent couverts de neige!

Non cuilibet licet adire Corinthum, direz-vous! Il est singulier, cher ami, que, si vous étiez libre, je serais tenté de vous proposer — peut-être l'aurais-je fait il y a quelques semaines — de reprendre votre ancienne situation chez nous. Je crois vous avoir écrit que j'avais trouvé pour mes enfants un homme fort estimable sous bien des rapports. Mais, pour moi et pour ma femme, il ne pouvait être ce que vous avez été; pareille trouvaille serait une faveur spéciale du sort, on ne peut y compter ni même l'espérer. Depuis quelques mois, il est survenu des circonstances qui ont rendu une séparation inévitable, pour lui comme pour moi; il nous a quittés il y a quinze jours. Vous comprenez mon embarras! Quant à vous, cher ami, alors même qu'il vous plairait de vivre avec nous, vous êtes lié. Et si vous étiez maître de choisir entre votre engagement actuel et un engagement chez nous, je vous conseillerais moi-même de donner la préférence au premier. Vous êtes dans une maison qui, je le crois, vous est plus avantageuse et où votre unique élève vous laisse du temps disponible. Je ne compte donc plus vous voir en Italie, qu'autant que M. de Voyer[1], y ferait un voyage ou qu'une occasion imprévue viendrait à s'offrir. Si, par hasard, vous connaissiez, à Paris, un Allemand vous inspirant confiance, vous me rendriez grand service en me l'indiquant. Mes conditions sont : l'entretien et 200 piastres, soit environ mille livres et naturellement les frais de voyage. Il me faudrait évidemment un homme qui prît à cœur l'éducation des enfants et qui en fît son occupation essentielle. Je ne saurais lui assurer rien de positif pour l'avenir; s'il demeure un certain temps avec nous, je chercherai nécessairement à lui être utile et, dans ma situation actuelle, cela me sera plus

---

1. Voyer d'Argenson, ancien aide de camp de La Fayette, avait passé les temps les plus orageux de la Révolution dans son domaine des Ormes. Voir note 1, page 67.

facile qu'autrefois. Je sais que ma requête est délicate, mais vous avez un moyen sûr de juger les aptitudes d'un candidat : plus il vous ressemblera par l'esprit, par l'instruction, surtout par les qualités aimables du caractère et de la sociabilité, plus il me plaira. Écrivez-moi sans tarder, si vous avez des vues sur quelqu'un. Je me suis également adressé à Schiller; je voudrais savoir au plus tôt à quoi m'en tenir, afin de lui faire part au besoin de votre recommandation ou de le prier du moins de ne s'engager avec personne. Je désire sans doute avoir bientôt l'homme qu'il me faut, mais ses pareils sont rares. J'ai combiné un arrangement provisoire qu'il me serait facile de prolonger jusqu'à la fin de l'année.

Adieu; ma femme vous envoie ses cordiales amitiés. Je suis avec la plus profonde et la plus sincère affection.

Votre Humboldt.

P.-S. — Je connais très bien votre résidence, ainsi que Mme de Voyer; je l'ai vue chez Mme de Staël[1] et rencontrée à mon retour d'Espagne, en

---

1. Les relations de Mme Voyer d'Argenson avec Mme de Staël aboutirent au mariage de son fils du premier lit, Victor de Broglie, avec Mlle Albertine de Staël, célébré à Pise, le 20 février 1816. Voir sur ce mariage l'intéressante monographie de M. Ch. Rabany,

passant la Garonne. Si elle se souvient de moi, présentez-lui mes respects.

Les Schweighæuser, Biographie d'une famille de savants alsaciens (Paris, Berger-Levrault et Cie, 1884, in-8°), publiée d'après des correspondances inédites communiquées à l'auteur par M. Charles Mehl.

XIV.

LETTRE DE Mme DE HUMBOLDT[1].

Ariccia, 23 juillet 1803.

Je vous demande mille fois pardon de ne répondre qu'aujourd'hui a une aussi aimable lettre que la votre, et qui m'a causé un plaisir si sensible, et je vous prie instamment de ne pas voir dans mon silence une diminution de l'intérêt que je ne cesserai jamais de prendre à tout ce qui vous regarde. Je suis naturellement paresseuse, vous le savez, et quand je ne réponds pas immédiatement à une lettre il ne m'arrive que trop souvent de tarder un peu trop. Mais je tacherai de me défaire, au moins pour vous, à l'avenir de cette mauvaise habitude.

Votre lettre me frappa singulièrement. Je vous croyais toujours à Paris et jouissant d'une situation tout à fait indépendante, grâces à l'exercice de vos talents. Aucune des personnes de notre commune connaissance ne m'avait parlé de vous; il me sem-

---

1. Cette lettre a été écrite en français par Mme de H.; l'original est donné textuellement.

bla tout à coup quand je lus dans votre lettre que vous aviez pris un engagement, que vous étiez infiniment plus séparé de nous. Je ne suis cependant, réflexion faite, qu'acquiescer parfaitement aux raisons qui vous ont déterminé à vous attacher à la famille avec laquelle vous vivez aujourd'hui ; votre situation doit vous laisser assez de loisir pour continuer vos études, votre élève, s'il n'est un être bien ordinaire ou bien dépravé, deviendra votre ami, et tel que je vous connais, il le deviendra nécessairement pour la vie. Vous êtes d'ailleurs si jeune que quand son éducation sera terminé, vous même serez jeune encore, et l'aisance dans laquelle vous vous trouverez avec les goûts simples que la nature vous a donné, vous mettra en état ou de vous établir, ou de contenter le goût de voyage que vous m'avez toujours paru avoir. Je ne saurais assez vous dire combien j'ai été touché du passage de votre lettre où vous me dites que vous ne désirez que vous rapprocher de nous. Soyez sûr, mon cher Schweighauser, que vous nous retrouverez avec les sentiments d'amitié et d'intérêt que vous ayez sçu nous inspirer pour la vie. Mais combien désirerai-je qu'il vous fut possible de nous revoir avant ces dix ans — il y a quelque chose d'effrayant dans un avenir aussi lointain, n'avez-vous aucun projet de voyage avant ce terme ? La famille avec laquelle vous vivez ne connaît-elle rien, mais rien du tout aux charmes d'une vie ambulante? Je ne vous dirait pas ce qui sera de nous dans dix ans. — M. de H. n'a accepté la place qu'il occupe aprésent que parce qu'il désirait venir en Italie, il se plait dans sa situation, vous connaissez sa résignation quand il s'agit de travail, il en a beaucoup, mais pas assez pour ne pouvoir s'occuper d'ailleurs, le climat lui convient, il ne s'est jamais mieux porté qu'ici, il n'est pas ambitieux, content de sa situation, il ne cherchera point à faire une carrière plus brillante, qui peut-être, d'ailleurs, ne pourrait pas lui manquer. Vous pourrez donc assez probablement nous retrouver ici dans dix ans, je dis nous, car si vous ne me retrouvez pas dans ma famille je suis sure que vous iriez encore visiter mon tombeau. Le cimetière des protestans est à la pyramide de Cajus Cestius, dès que j'ai vu ce lieu solitaire pour la première fois j'ai désiré que se fut là où je puisse reposer un jour.

Vous ne me dites rien de votre famille. Que fait votre maman qui vous aimait tant; votre sœur[1] n'est-

---

1. Charlotte, l'aînée des sœurs de G. Schw., épousa, en 1804, M. Maurice Engelhardt. C'était une femme d'esprit fort distingué, qui a laissé de jolies poésies en dialecte strasbourgeois. Son mari, rédacteur, en 1796, du *Courrier de Strasbourg* devenu plus tard le *Courrier du Bas-Rhin,* a publié en 1828 le premier travail sérieux sur l'*Hortus deliciarum* d'Herrade de Landsperg, l'incompa-

elle pas établie encore? M. votre frère[1] qui était à Versailles est-il avancé a quelque grade plus marqué? Il faut me dire tout cela, parce qu'il faut être bien persuadé que je m'intéresse à tous ceux qui vous appartiennent.

Monsieur de Humboldt vous a écrit dans quel embarras nous nous trouvons pour trouver un instituteur pour nos enfans. Je ne reviens sur ce chapitre que pour vous prier aussi instamment que je le puis de vous intéresser pour nous si vous le pouvez. Vous savez mieux que personne, puisque vous avez vécu avec nous, quelle espèce d'être il nous faudrait, et quel est le genre de connaissance que mon mari désire particulièrement cultiver pour les enfans. Si vous eussiez été libre, nous vous aurions écrit avec confiance que nous vous attendions, mais aujourd'hui que vous ne l'êtes plus nous aimerions encore nous rapporter à vos conseils et à votre choix. Tout ce que je désire est que nous puissions rencontrer un homme qui nous convienne et auquel nous convenions pour finir avec lui au moins l'éducation de

---

rable manuscrit de la Bibliothèque de Strasbourg détruit par les bombes allemandes, en 1870.

1. Charles Schweighæuser, frère puîné de Geoffroy, enrôlé volontaire en 1793 et devenu lieutenant d'artillerie, eut une jambe emportée à Essling; il mourut des suites de sa blessure (1809).

Guillaume, car je ne crois pas que ces changements continuels peuvent influencer en bien l'éducation d'un enfant. Guillaume est susceptible d'être élevé, Théodore et Caroline dont les caractères sont infiniment plus prononcé ne le seront jamais, tout ce qu'ils seront un jour ils ne le devront qu'a eux-mêmes. C'est aussi pour Guillaume que je suis plus peinée des circonstances désagréables qui le font passer de main en main.

Depuis 15 jours nous sommes à la campagne, nous habitons une très belle contrée à 3 heures d'éloignement de Rome. Cependant, quoique l'air soit réputé être exquis ici, et qu'on ne quitte la ville dans cette saison que pour cela, je ne me sens pas aussi bien portante que je l'ai été durant mon séjour à Rome. J'espère cependant que cela ne sera que passager.

J'ai à vous faire une prière. Elle consiste à m'envoyer cette traduction de l'*Ode de Sapho* à Faon faite, je ne sais par qui, mais parfaitement belle. Vous me la donnâtes un jour, mais durant la grande maladie que j'ai faite à Berlin, la clef de mon bureau passa dans d'autres mains et elle se perdit. Ensuite — vous êtes en correspondance, en relation avec Vanderbourg[1],

---

1. De Vanderbourg, à ce moment principal rédacteur des *Archives littéraires*, était un ami intime de G. Schw.; sa correspondance avec lui a été publiée par la *Revue rétrospective*, de M. Paul

n'est-il pas vrai ? Il possède de cette même *Ode* une traduction en vieux français qu'il a faite, je crois lui-même, procurez-la moi, ainsi que les traductions de certaines petites chansons allemandes en vieux français qu'il m'a récité. Il ne sera pas cruel jusqu'à me refuser cela. Je vous en prie, mon cher Schweighauser, faites tout votre possible pour me faire avoir ces chansonnettes et les deux traductions de cette *Ode de Sapho*, vous me rendrez bienheureuse, j'ai prié Mme Pobnheim[1] de m'envoyer les poésies de Mme de Surville[2], que Vanderbourg a publié et

---

Cottin, numéros de juillet à décembre 1887. — Une de ses lettres, du 7 novembre 1803, fait allusion à cette demande de l'*Ode de Sapho*, réitérée par Mme de Humboldt dans la lettre du 1er novembre ci-après : « Savez-vous », écrit-il, « qu'il y a un peu de malice à Mme de Humboldt de me demander mes poésies [en *vieux français*, au moment où elle lit *Clotilde*. »

1. Mme Pobnheim demeurait rue Martel, faubourg Saint-Denis. Nous manquons de détails sur cette relation allemande.

2. De Vanderbourg publiait, à la fin de mai 1803, les poésies de *Éléonore Clotilde de Vallon-Chalys, dame de Surville, poète français du quinzième siècle*, avec une longue et curieuse préface. Leur authenticité fut mise en doute, dès le début, dans le *Magasin encyclopédique* de 1803. Dans sa notice biographique sur Vanderbourg (*Moniteur*, 1839), Daunou n'y voit également qu'un ingénieux pastiche et la critique a longtemps suivi cette opinion. Un travail publié, d'après des documents inédits et indiscutables, par M. A. Macé, sous le titre : *Un procès littéraire* (*Journal général de l'instruction publique*. Janvier, février, mars, 1863), établit que Vanderbourg n'a été que l'éditeur loyal et circonspect des manuscrits que lui avaient livrés les descendants de *Clotilde*. Le « procès » est vidé.

je les attends avec impatience. L'Italien m'occupe beaucoup, je commence à y entendre quelque chose, c'est une très belle et très riche langue que je désire m'approprier entièrement, mais vous savez ce que cela veut dire, vous qui portez du respect aux langues, cependant quand vous viendrez nous voir dans 10 ans d'ici je crois que je parlerai. — Je suis enchanté de ce que vous me dites de Mme de Wollzogen, ne vous avais-je pas toujours dit que de toutes les femmes c'était celle qui à mon avis réunissait le plus de génie à toutes les grâces du sexe, j'ai quelque espérance qu'elle viendra passer quelques mois en Italie et n'ayant pas pu jouir avec elle de Paris, au moins de ce que j'aimais, moi, à Paris je jouirai avec elle de Rome. J'aime Rome, n'allez pas me nommer inconstante, je l'aime tout différemment que Paris, mais je l'aime au point de vouloir et de désirer d'y mourir. Je ferai peut-être une fois un voyage à Paris, si nous restons dans ce pays cy, je ne pourrais pas me refuser, n'y à mon père le plaisir de le revoir et alors j'irai en allant où en revenant par la France, puissai-je alors vous revoir, mon cher et fidèle ami. Conservez-moi en attendant et à M. de H... vos sentimens, conservez-les aussi à mes enfans, Caroline et Guillaume vous sont toujours très attaché, Caroline surtout, Théodore, vous lui pardonnez s'il ne se souvient guères de ce tems passé. Pour Adèle (Adélaïde), je pense que vous n'avez pas dans l'idée qu'à l'heure qu'il est c'est une petite personne, et même une qui domine et despotise un peu la maison, au moins sa maman. Mais elle est bien aimable et elle sera fort jolie et aura je crois, beaucoup d'esprit. Sa toute petite sœur (Gabrielle) est d'une complexion très délicate, et en cela toute différente de mes autres enfants. J'espère cependant qu'à force de soins je la conserverai. Adieu. Donnez-nous de vos nouvelles. Je désire apprendre que vous vous plaisez toujours plus dans votre situation et que vous continuez a nous aimer. Adieu.

Caroline de H.

XV.

LETTRE DE GUILLAUME DE HUMBOLDT.

Rome, 24 août 1803.

Je ne prévoyais pas, mon cher, que ma réponse à votre lettre du 25 du mois dernier serait d'une teneur aussi triste. Depuis que je vous ai écrit, nous avons été frappés par un malheur cruel auquel je ne me serais jamais attendu : notre pauvre Guillaume est mort tout à coup d'une fièvre pernicieuse. La rapidité de cette mort a eu quelque chose de plus terrible que la perte en elle-même. Pendant deux jours, il n'avait eu que des accès insignifiants ; il n'avait même pas été complètement alité, il restait gai et l'appétit n'avait pas disparu. Subitement, des saignements de nez se sont déclarés et, bien qu'un heureux hasard eût amené chez nous un médecin allemand[1] fort intelligent, habile, tout dévoué, qui ne s'est pas éloigné

---

1. Dans une lettre à Schiller, du 27 août 1803, G de H. donne le nom de ce docteur, *Kohlrausch :* « Un excellent homme, dit-il, d'une « science et d'une expérience extraordinaires, d'un caractère des « plus compatissants, conservant toujours sa présence d'esprit et « son calme. C'est un Hanovrien. » (*Briefwechsel zwischen Schiller und Wilhelm von Humboldt*, Stuttgart und Tübingen. 1830.)

un instant, l'enfant est mort en trente-six heures à peine, vraisemblablement des suites de ces violentes hémorragies. Sa fin a été douce : il n'avait plus sa tête, mais son délire n'a pas été triste. Mille fois m'est revenu à l'esprit le vers d'Homère :

Τὸν δὲ Φοῖβος επέφνεν τοις ἀγανοῖς βέλεεσσιν [1].

Car, dans l'*Iliade*, ce genre de mort n'est pas attribué à une autre cause qu'à l'action foudroyante du soleil, particulièrement à redouter dans ce mois. Le cas est d'autant plus extraordinaire chez nous, que nous savons, heure par heure, que pendant les dix à douze jours qui ont précédé sa mort, Guillaume n'a pas été exposé au soleil. Il a expiré, le quinze août, à Aricia où nous étions en villégiature dans un site charmant, en face des montagnes d'Albano et de la mer. C'est un des plus beaux points de vue de la contrée.

Je ne puis vous dire quel sentiment de tristesse et d'amour pour ces lieux m'envahit maintenant, pendant mes promenades solitaires. J'ai tout perdu avec Guillaume. Vous nous connaissez moi et les miens : Li (Caroline) est une petite créature originale ; elle est bonne pour moi, mais n'a pas une

---

1. Phœbus l'a frappé de ses traits miséricordieux.

inclination spéciale à mon égard; Théodore et ses deux sœurs sont de jeunes enfants; Guillaume m'aimait plus que je ne puis dire. Dans ces derniers mois, nous lisions du grec ensemble; il savait déjà beaucoup, il était studieux, obéissant, aimable; il m'accompagnait partout et connaissait chaque site, chaque ruine. Hélas! je ne puis vous dire combien la solitude est grande en moi-même et autour de moi! Il est enterré à Rome, près de la Pyramide de Caïus Cestius, au pied du Monte Testaccio[1]. Je visite souvent sa tombe; mais avec quelle émotion! Rome m'attache davantage depuis. Je ne comprends pas comment je pourrai jamais m'en éloigner, maintenant qu'il m'a fallu confier ce gage à cette terre.

Ma femme a montré, dans ce malheur, le calme et la présence d'esprit que vous lui connaissez. Vous vous figurez ce que peuvent être ses souffrances intimes. Sa santé est passable. Je dois aussi cela au médecin qui ne quitte pas notre maison et qui a sauvé Théodore, atteint de la même fièvre, mais avec moins

---

1. La tombe de Guillaume, comme plus tard celle de son frère cadet, Gustave, également mort à Rome, était indiquée par une colonne brisée. Le pape Pie VII, mû par sa sympathie personnelle pour G. de H., dérogea à tous les précédents, en concédant à une famille protestante le lieu de sépulture des deux enfants et en autorisant sa clôture.

de violence et sans hémorragie. Il n'est pas encore rétabli, mais il est hors de danger.

Je vous remercie cordialement des soins que vous prenez pour nous trouver un précepteur. Mes projets doivent maintenant se modifier : il ne s'agit plus que de l'éducation de Théodore et, dans quelque temps, de celle des fillettes; pour leur aînée, des leçons particulières suffiront. Il me faut donc un homme qui sache s'occuper de jeunes enfants et qui se consacre entièrement à eux. Théodore a six ans, c'est une bonne et fine nature, mais il lit et écrit à peine et demande à être dirigé avec infiniment de soin et d'intelligence. Son précepteur devra aimer à s'occuper beaucoup de lui, se faire son ami, essayer une foule de choses, afin de voir ce qui pourra l'intéresser. On ne saurait proposer cet emploi à vos deux candidats[1] et ils n'y seraient sans doute pas propres. Je ne songe donc plus à eux et je vous prie de leur faire part de notre malheur. Si vous trouviez la personne qu'il me faut, mandez-le-moi; cela n'est guère probable, des personnes de ce genre ne se déplacent pas ou ne s'y décident que rarement.

Je joins une lettre de mon pauvre Guillaume; il vous l'avait écrite il y a un certain temps, voulant

---

1. Voir lettre du 2 novembre ci-après.

l'expédier à l'occasion. Vous serez touché de ce qu'il écrivait : « Je ne suis plus un étranger ici. » — Hélas! il y est naturalisé, mais comment!

Vous me pardonnerez si je ne vous écris pas plus longuement aujourd'hui; je me sens trop profondément ébranlé. Ma femme vous salue. Vous nous avez toujours aimés; vous prendrez une grande et vive part à notre malheur.

Bien cordialement à vous.

Votre H.

XVI.

LETTRE DE Mme DE HUMBOLDT[1].

A Rome, ce 1er novembre 1803.

Mon cher Schweighæuser, je vous fais mille remerciements de l'aimable lettre que vous m'avez écrit et de la traduction de l'*Ode de Sapho,* que vous y avez ajouté. Ce n'était toutefois pas celle-là que je vous avait demandé, celle que vous me donnâtes un jour était en français moderne; Vanderbourg me communiqua celle-cy plus tard, avec quelques autres morceaux des poésies de Clotilde; pour une traduction allemande je ne l'ai jamais vu. J'attends dans une caisse qui doit m'arriver de Paris, chaque jour les poésies de cette Clotilde, encore je ne les possède pas.

Puissiez-vous réaliser vos projets de voyages, j'aurais un bien grand plaisir à vous revoir. — Hélas! pour notre famille, vous la trouverez bien changé. La mort de Guillaume a mis un vide autour de nous que rien ne peut remplir. Ce sentiment, loin de diminuer

---

1. Cette lettre, écrite en français par Mme de H., est reproduite textuellement.

avec le temps ne peut que s'accroître, tout le rappelle, tout nous le remet devant les yeux; Caroline et Théodore se trouvent isolés, l'âge, plus encore que le sexe, mettent une différence trop grande entre eux. — Guillaume les réunissait — hélas! mon ami, il a emporté dans sa tombe, la joie, la serénité et la vie qui régnait parmis nous. Théodore est parfaitement remis à l'heure qu'il est, mais l'état convalescent après l'affreuse maladie qu'il a faite, exige toujours une surveillance et un soin extrême. Caroline se développe beaucoup et si ma tendresse maternelle ne se trompe pas, elle me paraît gagner infiniment au physique et au moral. Elle vous salue tendrement. Adélaïde est la plus charmante créature qu'il est possible de voir, sans être belle elle est remplie de grâces — un peu capricieuse à l'heure qu'il est, elle n'en sera peut-être que plus piquante dans la suite, je vous assure qu'il est impossible qu'elle démente le lieu de sa naissance — elle est française dans sa tournure et dans toute sa physionomie, tour à tour étourdie, vive et sensible. Ma toute dernière est extrêmement délicate, j'ai beaucoup craint pour elle durant les grandes chaleurs de l'été — hélas, elles ne sont devenues funestes qu'au plus fort et au plus beau de mes enfants. Guillaume est expiré dans mes bras; ses derniers moments répondirent à toute sa vie, il l'a quitté avec cette facilité qui s'il eut vécu l'aurait sans doute accompagné...

Un accès de migraine m'a empêché de continuer hier, mon cher et bon ami, et me tourmente encore aujourd'hui. Agréez les assurances de mon invariable et sincère amitié et donnez-nous bientôt de vos nouvelles.

Caroline H.

XVII.

LETTRE DE GUILLAUME DE HUMBOLDT.

Rome, 2 novembre 1803.

Je vous remercie cordialement de votre bonne lettre du mois dernier, de votre constante et affectueuse sympathie pour nous, ainsi que de la part que vous prenez à notre perte trop irréparable. Tout va maintenant assez passablement chez nous; Théodore est complètement rétabli, les autres enfants sont gais et bien portants.

Merci sincèrement de vos propositions au sujet de MM. Hase et Sickler[1]; mais il doit y avoir un malentendu réciproque entre nous. J'ai dû confondre ces

---

1. Hase, le futur membre de l'Institut, alors pauvre étudiant, avait quitté l'Université d'Iéna pour tenter la fortune à Paris. On trouve dans les papiers de G. Schw. des lettres prouvant que les deux hellénistes étaient fort liés à cette époque. La lettre ci-après de Mme de H., du 28 juin 1805, apprend qu'elle fut en négociations avec Hase, pendant un voyage à Paris, pour l'emmener à Rome comme précepteur de ses enfants.

— Sickler (Frédéric-Charles-Louis), docteur en philosophie, né aux environs de Gotha, en 1773, prit chez les de H. la place qui ne convenait pas aux goûts parisiens de Hase. Il y est resté peu de temps et s'est voué plus tard à l'enseignement et à l'archéologie, comme avait fait son père. Voir lettre de G. de H. du 18 juillet 1807.

messieurs, l'un avec l'autre, et je croyais, d'autre part, vous avoir dit[1] positivement que je ne pouvais plus offrir, ni à l'un ni à l'autre, la position dont il avait été question antérieurement. Comme vous me demandez cependant une nouvelle réponse, il faut que ma dernière lettre ait manqué de précision. — Vous savez que Théodore nous reste seul. J'ai besoin pour lui d'un précepteur autre que si Guillaume était encore avec nous; de plus, sa dernière maladie exige qu'on lui évite toute fatigue pendant plusieurs mois; enfin, j'aurai, l'été prochain, une excellente occasion de faire venir ici, dans des conditions également agréables pour moi et pour lui, le jeune homme qui se décidera enfin à entrer chez nous. Je ne puis donc prendre maintenant aucun engagement positif; j'ai écrit à mes amis en Allemagne de me chercher quelqu'un et j'ai du temps devant moi pour prendre un parti en toute liberté. Dites, d'ailleurs, à MM. Hase et Sickler avec quel plaisir je leur ouvrirais ma maison, s'ils se décidaient à faire un voyage ici.

Votre activité littéraire et votre collaboration à deux journaux[2] me causent une grande satisfaction;

---

1. Allusion à une lettre du 1ᵉʳ septembre, non reproduite, qui ne parle que de la recherche d'un précepteur.

2. Le *Magasin encyclopédique* fondé par Millin (1795-1816) et les

mais il est singulier, mon cher, que, moi aussi, j'estime — autant qu'on peut en juger à distance — avec Sainte-Croix[1] et votre père, que vous devez terminer ce que vous avez commencé. D'abord, en considération des avantages matériels; en second lieu, parce que vous aurez ainsi conscience d'avoir fait quelque chose : l'éducation complète d'un jeune homme. Croyez-moi, si cette tâche vous prend beaucoup de temps, elle est de nature à vous développer mieux que toute autre et, à la manière dont vous

---

Archives littéraires de l'Europe (1804-1808). Ce dernier recueil, annoncé par l'éditeur Henrichs, dès 1803, et pour lequel il s'était assuré la collaboration de Suard, Morellet, Ségur l'aîné, Sainte-Croix, de Gérando, Garat, Pastoret, Blessig, Pfeffel, Vanderbourg, etc., occupa beaucoup G. Schweighœuser. Il y a publié d'intéressants articles sur l'*État actuel de la philosophie en Allemagne*, l'*Homère de Heyne, Moïse et Jésus et le rapport intellectuel et moral des juifs et des chrétiens*, la *Géographie physique de Kant*, la *Vie de M. Schœpflin, Un canton des Vosges appelé le Ban-de-la-Roche*, et sur d'autres sujets.

1. L'helléniste baron de Sainte-Croix, caractère droit et bienveillant, en toutes occasions sympathique à G. Schw. Les lettres de Vanderbourg le montrent suivant avec sollicitude les travaux du jeune érudit. Sainte-Croix est connu par ses savants ouvrages sur la Grèce, sur la géographie ancienne de l'Asie et par son curieux *Mémoire sur la religion secrète des anciens peuples*, dont la 2ᵉ édition (1817) est une œuvre posthume, publiée par de Sacy, sur le vœu de l'auteur.

Associé libre de l'ancienne Académie des Inscriptions et Belles-Lettres ; membre de l'Institut en 1802. Son livre de début, *Examen critique des historiens d'Alexandre*, couronné par l'Académie en 1772, est mentionné par G. de H. dans sa lettre ci-après du 29 août 1807.

vous en acquittez, elle vous rémunérera elle-même de vos peines.

Je vous remercie cordialement de votre proposition relative à mes *Basques*. Vous me pardonnerez si je ne puis me résoudre à en faire l'objet d'une communication dans un journal; ce serait nuire à mon travail et à moi-même. Je n'en ai encore rien divulgué, bien qu'il soit achevé en grande partie. Ce qui retardera l'impression, c'est qu'il vient de paraître en Espagne un mémoire espagnol sur la langue basque; il faut que je l'utilise et il se passera plusieurs semaines avant qu'il ne me parvienne. Mon travail fera la matière de deux volumes. Sous le titre *Les Basques,* il contient : 1° une esquisse du pays et du peuple en forme de récit de voyage[1]; 2° une grammaire; 3° un vocabulaire établi d'après mon système personnel; 4° des recherches sur l'origine de ce peuple. Tout cela, voyez-vous, demande encore un labeur considérable, quel que soit celui auquel je me suis déjà livré. On peut dire que le *Voyage* est terminé; la grammaire est rédigée en majeure partie; pour le surplus, les matériaux sont réunis. J'ai mis à

---

1. C'est le fragment imprimé, d'après le manuscrit, dans les Œuvres complètes de G. de H., sous le titre : *Reisesskizzen aus Biscayen*. D'autres fragments ont été publiés, en tout ou en partie, dans divers recueils, comme on le voit par la suite de la présente correspondance.

profit mon séjour ici : on croyait que le basque et le maltais se ressemblent, or le dernier est tout à fait oriental. J'étudie maintenant des fragments étrusques et osques, très remarquables au point de vue du basque.

Je poursuis une étude générale des langues et je pense faire imprimer, après *les Basques,* une dissertation[1] sur la véritable méthode à suivre en cette matière et sur l'utilité réelle de cette étude. Je crois y ouvrir des aperçus nouveaux; je crois pouvoir montrer qu'il existe une science, tout à fait délaissée jusqu'à présent, qui peut devenir une abondante et féconde source d'idées, ainsi qu'un procédé certain de culture intellectuelle. Je crois prouver que, si l'on savait s'y prendre, tout homme ferait journellement, dans sa langue, des découvertes dont il ne se doute pas. — Si ces idées sont accueillies, j'essaierai de composer une encyclopédie pour l'étude des langues, telle que je la comprends; ce sera une œuvre importante et difficile qui exigera plusieurs années de labeur sérieux. Elle est nécessaire, si l'on veut déblayer le terrain et éviter qu'à l'avenir, chacun ne soit obligé de reprendre les choses à nouveau.

---

1. Sans doute le mémoire inséré dans les *Mémoires de l'Académie royale de Berlin* (1820, 1821, 1822), sous le titre : *Ueber das vergleichende Sprachstudium,* — Sur l'étude comparée des langues?

Rome me fournit des matériaux exceptionnellement précieux[1] ; mais c'est surtout ma disposition au travail qui n'a jamais été meilleure ni plus heureuse. En réalité, au milieu d'affaires très nombreuses, avec une correspondance fort étendue, sans recourir même à l'assistance d'un copiste, je travaille incomparablement plus, que lorsque vous m'avez connu complètement libre, à Paris. Et combien d'heures ne sont-elles pas consacrées à cette ville unique, à la visite des ruines et à d'autres objets !

Adieu, mon cher ami, portez-vous bien et pensez toujours avec sympathie à l'amitié de

Votre Humboldt.

---

1. Le Collège de la Propagande fournissait à G. de H. une partie de ces « matériaux exceptionnellement précieux ».

XVIII.

LETTRE DE GUILLAUME DE HUMBOLDT.

Rome, 21 juin 1804.

Il m'est impossible, cher Schweighæuser, de songer qu'en ce moment, vous êtes peut-être assis auprès de ma femme, à Paris[1], sans vous adresser quelques lignes et répondre enfin à votre lettre du 18 décembre dernier. Le voyage de ma femme a dû beaucoup vous surprendre; elle avait peu de motifs d'espérer vous trouver en cette saison, à Paris, il aura fallu un concours particulier de circonstances pour que la rencontre ait été possible. Vous verrez que ma femme n'a rien perdu de ses anciennes préférences pour Paris; j'espère qu'elle s'y trouve si bien, que ces préférences ne feront que s'accroître. Moi aussi, je ne le dissimule pas, j'aimerais être là-bas; mais surtout pour vous revoir, vous, Schlabrendorf et quelques autres. Car j'apprécie beaucoup Rome,

---

1. Mme de H. resta à Paris jusqu'au commencement de novembre de cette année. Elle était accompagnée par son fils Théodore et par le Dr Kohlrausch. Son beau-frère Alexandre vint la rejoindre, après avoir débarqué à Bordeaux en août, au retour de son voyage en Amérique.

étant, comme Candide, toujours disposé à trouver beau ce qui est présentement sous mes yeux. Vous devez vous le figurer, je suis en ce moment tout à fait isolé : je ne puis avoir de relations habituelles avec personne, si ce n'est avec Zoëga [1] et ces relations se bornent généralement à une promenade par semaine, parmi les ruines romaines. Je viens d'en faire une à l'instant; c'est un de mes principaux plaisirs. Rome est, à ce point de vue, une source inépuisable d'enseignements et de jouissances nouvelles. Je n'abandonne pas encore l'espérance de vous voir ici; je pense y rester longtemps, mais vous, ne tardez pas trop.

Je suis très désireux, après un aussi long intervalle, d'avoir de nouveau quelques nouvelles de votre part. En vérité, je ne sais si vous êtes aux Ormes ou à Paris [2]; je suppose que cette dernière alternative est la vraie, parce que je le désire pour ma femme. Les

---

1. Zoëga (Georges), archéologue danois, s'occupait plus spécialement de monuments égyptiens et de langue cophte. Né à Dahlen (Jutland), en 1755, il est mort à Rome le 10 février 1809. D'origine italienne par sa mère, Zoëga avait été très éprouvé par des circonstances fâcheuses et par sa santé. En rendant justice à son savoir, G. de H. le trouvait indifférent et trop terre à terre.

2. G. Schw. accompagnait la famille Voyer d'Argenson, quand elle quittait sa résidence des confins de la Touraine et du Poitou, pour séjourner dans la capitale, rue du Marché-d'Aguesseau.

Ormes doivent finir par vous ennuyer; c'est un joli pays, mais des plus monotones. En général, la France est bien antiromantique; la nature y a un aspect sec, dénudé, manquant de pittoresque, qui m'a souvent paru passablement mélancolique.

Si isolé que je sois actuellement, j'espère rassembler mon joyeux cercle de famille pour l'hiver prochain. Mon frère a le projet de passer cet hiver ici; s'il le réalise, nous nous retrouverons heureusement réunis, comme il y a quelques années avant son départ. Je ne prévois qu'une circonstance fâcheuse : les livres lui manqueront. C'est un état de choses honteux pour Rome; les bibliothèques publiques ne laissent rien emporter et les bibliothèques privées sont rares, très rares, et aussi fermées que les autres. Ce qu'il faudrait surtout maintenant à mon frère ce serait des ouvrages allemands; depuis son retour, il se trouve partout dans un monde nouveau qu'il est obligé d'étudier.

Vous ne m'écrivez presque rien de Frédéric Schlegel. A quoi s'occupe-t-il donc ? Le public n'en sait absolument rien. Un homme qui s'est trouvé fréquemment assis à côté de lui, à la bibliothèque nationale, m'a dit qu'il étudie le persan. Que peut-il y chercher ? Son existence est pour moi un vrai mystère. Vous paraissez ne pas être étranger à son

Europa[1] et vous devez en savoir davantage sur son compte.

Quant au mémoire pélasgique de Petit-Radel[2] dont vous parlez et dont j'ai lu, depuis, quelque chose au *Moniteur,* il m'étonne; il n'édite guère que des fables à propos de Chine et d'Égypte. Visconti[3] a certes raison d'accorder moins d'attention à ces pierres non taillées. C'est d'ailleurs une manie bien gothique d'aller chercher en Italie les antiques vestiges de la barbarie. Pour en venir là, il faut réellement n'avoir aucune envie de faire ailleurs des trouvailles d'un tout autre intérêt.

Millin m'a écrit, il y a quelques mois, une lettre affectueuse, dans laquelle il mentionne à nouveau une foule d'ouvrages qu'il prépare en collaboration

---

1. *Europa*, recueil littéraire publié par les frères Schlegel.
2. G. de H. ne soupçonnait pas l'importance que prendraient les études préhistoriques dont Petit-Radel a été l'un des pionniers les plus actifs. Le recueil des Mémoires de l'Institut et plusieurs livres spéciaux témoignent de l'intérêt qu'inspiraient les monuments mégalithiques à Petit-Radel. Son *Examen de la véracité de Denys d'Halicarnasse concernant l'authenticité des colonies pélasgiques en Italie* est probablement l'ouvrage au sujet duquel s'exerce la verve de G. de H.
3. Visconti, le célèbre antiquaire, réfugié en France après la chute de l'éphémère république romaine dont il avait été l'un des cinq consuls. Bonaparte l'avait nommé administrateur des musées. — G. Schw. a collaboré à plusieurs de ses publications; les cartons de M. Mehl renferment un grand nombre de lettres inédites, adressées à l'érudit alsacien par M. et Mme Visconti.

avec Winckler[1]. Que devient donc Bast[2]? Vous n'en dites rien non plus. Faites-lui toutes mes amitiés. Malgré son érudition incontestable, je n'attends pas grand'chose de lui; il se meut dans une sphère infiniment trop restreinte, c'est plutôt un éplucheur de mots (*Wortkläuber*) qu'un philologue à vues pénétrantes.

Et vos travaux personnels, qu'en advient-il, mon cher? Je comprends fort bien que votre position vous prend beaucoup de temps et que votre collaboration

---

1. Winckler (Théophile-Frédéric), le disciple favori de Millin, était, comme G. Schw., un Strasbourgeois. Après de bonnes études dans sa ville natale, il avait été pris par la réquisition de 1793; fait prisonnier et conduit en Hongrie, il s'y livra à l'étude de la langue magyare et du grec moderne. Rentré en France, au bout de quinze mois de captivité, il se rendit à Paris pour diriger une éducation. Il suivait avec ses élèves le cours de Millin qui le remarqua et l'associa à ses travaux, d'abord comme secrétaire de la rédaction du *Magasin encyclopédique,* puis comme employé au cabinet des médailles. Winckler est mort à trente-six ans, en février 1807, d'une attaque d'apoplexie. Le discours que Millin a prononcé sur sa tombe est aussi touchant de la part du maître, qu'honorable pour le disciple (voir *Magasin,* 1807). Le recueil de Millin contient un grand nombre d'articles de Winckler; ils annonçaient un érudit de premier ordre.

2. Bast (Frédéric-Jacques), philologue et philosophe, correspondant de l'Institut, né vers 1772 dans la Hesse, mort à Paris en 1811. Connu par un *Commentaire critique sur le banquet de Platon,* et une *Lettre critique à Boissonade,* Bast, que G. de H. avait connu à Vienne dès 1797, a longtemps résidé à Paris, en qualité de conseiller de légation de la Hesse qu'il avait représentée au Congrès de Rastadt.

aux journaux en absorbe aussi, car vous êtes toujours très actif et vous avez l'heureux don de travailler avec facilité et promptitude. Il serait pourtant préférable d'entreprendre quelque chose à vous seul, au lieu de vous contenter de collaborer. Vous avez des idées qui seraient susceptibles d'heureux développements.

Les Basques avancent maintenant sérieusement. Vous avez certainement l'occasion de voir des Basques, à Paris; peut-être même voyez-vous le chanteur Garat[1] et une certaine dame basquaise[2] que je n'ai jamais rencontrée, mais que vous connaissez, je crois. Si vous pouviez me procurer des chants populaires basques, vous me feriez infiniment plaisir; il me faudrait aussi la musique que Garat m'a toujours promise, sans tenir parole. Ce n'est pas une mission que je vous impose; je n'en parle que pour le cas où vous y penseriez à l'occasion.

Cordialement adieu. Écrivez-moi bientôt et gardez-moi votre sympathie et votre amitié. De tout cœur,

Votre Humboldt.

---

1. Garat était né à Ustaritz (Basses-Pyrénées). A cette époque, la situation de son oncle, créé comte de l'Empire, contraignait le chanteur à une sorte de retraite dont on l'indemnisa par une pension; il ne se faisait plus entendre que dans quelques salons privilégiés.

2 Sans doute Mlle Duchamp, cantatrice, qui devint Mme Garat?

XIX.

LETTRE DE GUILLAUME DE HUMBOLDT.

Rome, 8 juin 1805.

Je me suis souvent reproché, mon cher ami, de différer aussi longtemps ma réponse à votre lettre du 12 janvier. Vous ne pouvez cependant douter que le ton affectueux et tout confiant de cette lettre ne m'ait causé une joie sincère et profonde. J'ai vu avec regret, par la peinture que vous me faites — peinture exagérée, j'en suis persuadé — que vous avez passé quelques tristes mois et que vous avez été inquiet de votre avenir. Ne vous laissez néanmoins pas abattre; on n'avance à rien en revenant sur le passé. Travaillez maintenant, préparez résolûment votre avenir, en suivant vos goûts. Vous possédez une foule de connaissances très précieuses et, ce qui vaut mieux encore, vous avez le talent de mener rapidement à bien ce que vous entreprenez. C'est un don qui n'appartient qu'à peu de monde. Écrivez-moi au plus tôt, dites-moi comment vont vos affaires et quels sont maintenant vos projets. Au cas où vous choisiriez une nouvelle position, faites-le avec prudence et tenez-vous-y ; si je vous connais un défaut, très cher, c'est celui de l'inconstance.

Je vois que vous vous occupez de philosophie ; je vous conseillerais plutôt l'étude des langues. Vous y avez fait les plus heureux progrès et cette étude fait pénétrer plus avant dans la vie pratique ; elle est par conséquent d'une application plus immédiate.

Je comprends fort bien que la méditation d'idées sur le monde originel et sur les peuples primitifs vous ait entraîné loin de ce qui doit être le but des recherches sérieuses. Il y a un attrait singulier dans la grandeur et dans le mystère d'une période où l'étude de la nature et celle de l'histoire se confondent, où la terre dans son état premier se façonne en même temps que l'humanité ; où l'on ne trouve que des vestiges, rien de positif qui enchaîne la fantaisie. Mais c'est malheureusement une matière dont on ne peut rien tirer : nous sommes et nous restons toujours des *novi homines*. Même les langues les plus anciennes ne remontent pas bien haut et quand se tait l'histoire de ces époques reculées où, comme de raison, les événements les plus saisissables forment eux-mêmes un écheveau embrouillé, on est bientôt contraint de s'arrêter. C'est ce qui m'inspire en général de l'aversion pour les systèmes sur les migrations des peuples et sur l'origine des langues qui ne sont pas établis d'après des données incontestables. Il y a là comme un immense désert dans lequel peuvent errer, sans se rencontrer, des milliers d'individus.

Pendant l'automne dernier, j'ai terminé mon *Agamemnon*[1], dont vous connaissiez le commencement. Mais ce commencement lui-même a été complètement modifié; je me suis astreint pour la versification à des règles beaucoup plus rigoureuses et j'ai remanié vers par vers. Mon travail n'est pas, je crois, tout à fait défectueux; mais c'est une entreprise terrible de lutter avec un tel original. Stolberg[2], celui qui s'est fait catholique, a déjà fort bien dit, en parlant de traducteurs précédents d'*Agamemnon* : « qu'une fois de plus, ils s'étaient moqués de Cassandre ». Fasse le ciel que je ne sois pas le troisième de ces *Ajax Oileus!* Je mets la dernière main à ma traduction, je la ferai imprimer ensuite et je vous en enverrai aussitôt un exemplaire. Je ne puis nier que ce travail ne m'ait procuré de grandes jouissances;

---

1. On s'apercevra, par la lettre du 5 octobre suivant, que le mot « terminé » n'a qu'une valeur relative sous la plume de G. de H. En fait, sa traduction de la tragédie d'Eschyle, commencée dès 1796, sera remaniée à Albano, dans l'automne 1805, et ne paraîtra qu'en 1816, dédiée à Mme de H., avec une remarquable préface.

2. Frédéric Guillaume comte de Stolberg. Traducteur lui-même d'*Agamemnon*.

cependant jamais je n'en entreprendrai un second du même genre. Il en coûte trop de peine et trop de temps, — et je n'ai guère de temps à moi, les affaires officielles m'en prennent beaucoup.

Ma femme est ici depuis la fin de janvier et va très bien. Elle et Kohlrausch vous remercient infiniment de votre souvenir; ils seront heureux de recevoir de vos bonnes nouvelles.

Encore un mot pour une requête. Le *Cavaliere* Landolini[1], inspecteur des antiquités d'une partie de la Sicile, qui, vous le savez, a trouvé dans ses fouilles pratiquées au théâtre de Syracuse un Esculape et une Vénus et qui s'est fait connaître par son travail relatif au papyrus des anciens, prépare une dissertation sur des reines de Syracuse, nommées dans des inscriptions découvertes par lui. Il désirerait avoir l'avis de M. votre père — à qui je vous prie de présenter mes respects — sur l'inter-

---

1. Landolini (quelques auteurs allemands ont écrit Landolina), résidant à Syracuse, connu en Allemagne par ses travaux ingénieux et solides, était fort accueillant pour les étrangers. Vers cette époque, le spirituel Seume en parle en excellents termes, dans sa *Promenade à Syracuse* (1802). Et en 1835, Landolini fermera les yeux au poète comte de Platen, expirant solitaire sur le rivage syracusain. Véritable archéologue classique, il lui consacrera cette épitaphe :

Ingenio Germanus, forma Græcus,
Novissimum posteritatis exemplum!

prétation d'un passage d'Athénée, L. XIII, où il est dit que « Hyeronymos a pris *Peitho* επ' οικηματος προϊεστήκυιων »; on l'a généralement entendu comme parlant d'une courtisane. Landolini veut savoir si d'autres *Codices* n'améliorent pas cette leçon et ce que M. votre père pense du sens[1]. Vous m'obligerez infiniment, si vous pouvez me dire bientôt quelques mots à ce sujet.

Adieu, gardez-moi votre bonne amitié; très sincèrement et très cordialement à vous.

Votre H.

---

1. Voici le passage, d'après la traduction de Lefebvre de Villebrune :

« Eumachus de Naples rapporte, livre II de ses *Histoires d'Annibal*, que Hyéronyme, tyran de Syracuse, épousa Peitho, qu'il prit dans un *bal public* et la déclara reine. »

L'expression *bal public* est la traduction expurgée des mots οἰκήματος προεστήκυιῶν de l'édition Schweighæuser. La version latine, qui sert de glose, porte : *ex mulieribus quæ in cella meretricia prostabant*.

XX.

LETTRE DE Mme DE HUMBOLDT

Rome, 28 juin 1805.

Pardonnez-moi, mon excellent Schweighæuser, de répondre aussi tardivement à votre dernière lettre, que j'ai reçue pendant que je me trouvais encore à Paris[1]. Sous bien des rapports, elle m'a fait grand plaisir et a été la bienvenue. J'avais pris alors une bonne résolution; le défaut de temps et mon départ imminent l'ont entravée. Depuis mon retour ici, c'est-à-dire depuis les derniers jours de janvier, ce sont les soins de la maison qui m'ont retenue. Si vous songez que je suis seule à gouverner une maison devenue considérable par le nombre de ses hôtes; qu'il me faut surveiller les enfants, diriger en partie l'instruction des deux aînés, — car nous sommes toujours sans précepteur; fréquenter enfin un peu le monde, du moins celui des étrangers parmi lesquels nous avons compté beaucoup d'anciennes connaissances, vous conviendrez que je dois être fort

---

1. Il s'agit du séjour de plusieurs mois que Mme de H. avait fait à Paris, l'année précédente.

occupée. Donnez-moi bientôt de vos nouvelles; je les recevrai toujours avec le constant et sincère intérêt que m'inspire votre sort. A l'avenir, j'aurai plus de temps à moi et je tarderai moins à vous répondre.

M. Sickler arrivera chez nous à la fin d'août. Il vient de quitter Paris; M*me* Gauthier[1] ayant conduit son fils à Genève, il passera l'entre-temps dans sa famille qu'il a désiré revoir, avant d'entrer dans sa nouvelle place. C'est M. Hase qui me l'a présenté. Ne pouvant se décider à quitter lui-même Paris, il m'a envoyé Sickler, à l'égard duquel j'étais déjà bien disposée, grâce à votre recommandation antérieure. Nous nous sommes vus fréquemment, pendant les dernières semaines de mon séjour parisien, nous avons pu faire connaissance et Sickler ne s'est pas laissé effrayer par l'ignorance de Théodore qu'il a pris en affection. J'espère que nous serons satisfaits les uns des autres et j'attends son arrivée avec impatience.

J'ai retrouvé en fort bonne santé mon mari et les enfants que j'avais laissés ici. Les deux petites ont absolument oublié l'allemand, elles ne parlent plus

---

1. M*me* Gauthier, riche Genevoise, chez qui Sickler était précepteur avant d'entrer chez les de H. On voit, par les lettres de Vanderbourg à G. Schw., que cette dame appartenait au monde que fréquentaient les de H. et que G. Schw. avait songé, un instant, à entrer chez elle.

qu'italien; Théodore et Caroline le parlent aussi couramment, en sorte que les conversations enfantines se poursuivent toujours en cette langue.

Mon beau-frère est depuis deux mois auprès de nous. Il a avec lui un jeune chimiste parisien, Gay-Lussac[1], aimable et très instruit dans sa science; mon beau-frère l'emmènera à Berlin, en septembre. Une partie de ses travaux est déjà sous presse et il travaille sans relâche au reste.

J'ai eu beaucoup de plaisir à faire la connaissance de votre bonne mère, pendant les dernières semaines de mon séjour à Paris, et je l'ai prise en grande amitié. Son immense tendresse pour vous, mon bon Schweighæuser, sa vivacité, la grande sagesse de son caractère, tout ce qu'il m'a été donné d'observer en elle m'a charmée. Souvent j'ai saisi des traits frappants de ressemblance entre la mère et le fils. Rappelez-moi, je vous prie, à son souvenir. Dites-moi aussi si vous avez des projets d'avenir et quels ils sont. Votre santé est complètement rétablie, je le pense, et vos vrais amis peuvent ne plus considérer les

---

[1]. Gay-Lussac avait 27 ans; il s'était lié avec Alex. de H. dans le laboratoire de Berthollet, à Arcueil. Leur amitié ne s'est jamais démentie; comme témoignage suprême de son attachement, A. de H. écrivait, le 13 mai 1830, à la veuve de Gay-Lussac : « Il n'y « a pas un homme auquel je doive plus pour la rectitude de mes « études, de mon intelligence et de mon caractère moral. »

derniers mois de votre résidence à Paris que comme une période, durant laquelle un concours de circonstances fâcheuses, joint à un excès de bonne volonté de votre part, vous avait trop agité au sujet de votre position. Vous allez, comme le souhaitent et en sentent la nécessité ceux qui vous portent un intérêt sérieux, montrer ce que vous valez. Vous mettrez en œuvre votre instruction si variée, afin de répondre à ce que, vos amis comme vous, nous sommes en droit d'espérer.

Mme de Staël a passé avec nous une grande partie de l'hiver[1]. Nous avons appris à l'apprécier beaucoup mieux; sa bonhomie et sa rare intelligence lui ont fait pardonner, même à Rome, un défaut réel de sens artistique. Schlegel (W.) m'a également intéressée; son goût s'est développé et la société d'une femme pleine d'esprit l'a rendu plus souple et plus aimable...

Mille salutations affectueuses de la part de mes enfants et de mon mari. Faites-moi savoir bientôt que vous êtes aussi bien que je le désire.

Caroline H.

---

1. C'est le séjour auquel on doit sans doute *Corinne*, parue en 1807. Mme de Staël logeait place d'Espagne; un degré pratiqué sur la pente du *Pincio* lui permettait de voisiner incognito avec les Humboldt qui habitaient un palais de la *Strada Gregoriana*, après avoir quitté la *Villa di Malta*. Mme de Staël appelait ce degré : « l'escalier dérobé de Mme de Humboldt ».

XXI.

LETTRE DE GUILLAUME DE HUMBOLDT.

Rome, 5 octobre 1805.

Votre lettre, mon très cher Schweighæuser, m'a fait très grand plaisir et je vous en remercie bien sincèrement. J'apprends avec satisfaction que, si votre position n'est pas absolument agréable et de nature à vous contenter, elle vous assure du moins de nouveau la tranquillité et ne vous ôte pas tout loisir pour vos travaux particuliers. Les avantages matériels, dont on ne peut se passer pour vivre, ne sauraient être sacrifiés; en pareil cas, ce qu'il y a de plus sage à faire c'est d'améliorer peu à peu sa situation, à la condition qu'elle ne donne pas de trop graves sujets de mécontentement et de supporter ce qui ne peut être modifié.

Je crois, mon cher ami, que vous avez parfaitement raison de moins vous occuper des origines de l'humanité et de donner vos préférences à l'étude de l'antiquité classique. Si séduisante que soit la question des origines, elle égare trop facilement l'imagination. Assurément, il serait fort à désirer que l'on examinât dans un esprit critique, et avec la pensée de détruire plutôt que de reconstituer, les traditions primitives des peuples, en les comparant aux résultats certains de la géologie. Mais la question est de savoir si l'on trouve dans ces traditions autre chose qu'un fonds commun de poésie, ne variant que dans ses développements, et si l'on est en droit de les rapprocher des données géologiques. Cela n'est guère admissible, attendu que la jeunesse relative de ces traditions ne cadre pas avec l'antiquité des traces que les époques géologiques ont imprimées sur le globe. Pendant son séjour ici, mon frère a trouvé un fossile remarquable à ce point de vue : c'est un morceau de dent d'éléphant, complètement enveloppé de *peperino*. Le pépérin est un produit volcanique, une sorte de cendre fondue et amalgamée, et l'époque de sa formation est nécessairement antérieure à toutes les traditions transmises par l'histoire romaine ou italique. Donc, avant l'époque à laquelle remontent ces traditions, il existait ici des éléphants. Malheureusement, le morceau trouvé est une dent canine qui ne permet pas de déterminer l'espèce.

Sickler n'est pas encore arrivé; j'en suis un peu surpris, sachant que, le mois dernier, il a passé à

Augsbourg. Peut-être les positions des armées[1] l'ont-elles obligé de renoncer à traverser le Tyrol et contraint de faire un détour. Je me réjouis de le voir ; s'il ressemble au portrait que l'on m'en a fait, il sera tout à fait mon homme et l'éducation de Théodore, même dans son état de santé actuel, l'intéressera. Si jusqu'à présent son activité littéraire a pu être un peu superficielle, il sera désormais moins tenté de se faire imprimer trop vite et pourra effacer l'impression produite, par des travaux plus substantiels, plus soignés, plus médités.

Je ne sais, très cher ami, si vous avez lu les Lettres de Winkelmann, publiées par Gœthe[2]. Dans les annexes, il a inséré une lettre sur Rome; elle est de moi. Elle a été écrite sans prétention à la publicité et par conséquent avec assez de liberté; ce n'est qu'un aperçu et, à tous égards, une chose de peu d'importance. Cependant il me sera agréable que vous puissiez penser à moi en la lisant, si le livre vous tombe entre les mains.

Je vous enverrai mon *Agamemnon*, aussitôt imprimé. Je pars dans un instant pour Tivoli où je

---

[1]. Préparatifs de la campagne qui devait aboutir à Austerlitz.

[2]. *Winkelmann und sein Jahrhundert, in Briefen und Aufsätzen*. Tübingen, 1805. — Winkelmann et son siècle. Lettres et notices. — La lettre de G. de H. est donnée à l'appendice n° 8.

compte terminer ma traduction. Je souhaite qu'elle vous donne plus de satisfaction qu'à moi-même ; si ce travail n'avait pas été commencé, je ne m'y serais jamais remis. Il n'y a rien de plus pénible que de suivre pas à pas l'œuvre d'autrui, avec la préoccupation constante qu'on fait une traduction, c'est-à-dire un travail où l'on ne pardonne pas une tache, où un défaut d'attention et de soin minutieux n'est pas compensé par des qualités plus essentielles. Pour traduire d'une façon magistrale, il ne suffit pas d'un talent spécial; il faut encore éprouver une certaine satisfaction, celle de la certitude — peut-être imaginaire mais positive — que la version que l'on adopte est la seule bonne. Il en est ainsi avec Voss[1]; aussi je comprends qu'il ne se lasse pas de traduire. En général, la certitude intime est une chose divine. Chez moi, elle fait aisément défaut; de là vient que mon activité productrice est souvent médiocre, parce que je n'arrive pas à me convaincre qu'il vaille la peine de produire. Je veux cependant me mettre à développer des idées que j'ai depuis longtemps dans

---

1. Le rare talent de Voss comme traducteur s'est exercé sur Homère, Hésiode, Théocrite, Aristophane, sur Virgile, Horace, Tibulle. Parmi les modernes, il a traduit environ le tiers des pièces de Shakespeare. Sa traduction d'Homère est à mettre au premier rang.

la tête, afin de me sentir ensuite plus dégagé sous tous les rapports.

Ma femme, mon cher Schweighæuser, vous écrira prochainement. Il vous sera peut-être agréable de recevoir de nos nouvelles de deux côtés différents. Adieu, soyez actif et de bonne humeur. Amitié cordiale et invariable.

Votre H.

XXII.

LETTRE DE GUILLAUME DE HUMBOLDT.

Rome, 2 juillet 1806.

Votre lettre du 17 mai ne m'est parvenue que le 27 juin, très cher ami. Elle m'a rendu bien sensible la solitude des Ormes, — que je me souviens avoir aperçus en passant, — et leur éloignement de Rome. Je voudrais que cet éloignement fût le seul obstacle à notre réunion; il serait certainement facile à surmonter. Mais voilà six à huit ans de passés! Toute une vie! comme vous l'écrivez, — et plus qu'une vie, dans ces temps incertains, pour celui qui, comme moi, n'est que l'hôte passager de ce pays sans pareil. Quant à la joie que, ma femme et moi, nous aurions à vous voir arriver, vous en êtes persuadé de reste, sans qu'il soit nécessaire de vous en assurer à nouveau.

Que vous négligiez vos études grecques pour des travaux français, même pendant un temps limité, tous ceux qui connaissent vos aptitudes pour les premières ne peuvent qu'en être peinés. Néanmoins, je dois approuver votre détermination. Vous appartenez à votre pays et vous ne devez pas négliger ce qui peut attirer sur vous l'attention; mais je regrette que votre *Tableau littéraire de la France*[1] ne puisse être écrit avec l'indépendance qui vous serait assurée en Allemagne, en Angleterre, à Paris même, si vous ne le destiniez pas à une Académie. Il serait beaucoup plus profitable aux Français, j'ose ajouter beaucoup plus honorable pour eux, qu'on leur fît entendre combien ils auraient pu être supérieurs à ce qu'ils sont devenus en réalité et quelles sont les aptitudes qu'ils ont montrées, sans les développer complètement. Mais, pour ce faire, il faudrait s'appesantir sur certains auteurs qui ne sont pas considérés comme classiques : Mirabeau, M°° de Staël, quelques écri-

---

1. G. Schw. préparait un travail sur la question mise au concours par la deuxième classe de l'Institut : *Tableau littéraire de la France dans le* XVIII° *siècle* ; il le déposa, le 22 décembre 1806, au secrétariat de la classe. Sur le rapport de Suard, aucun prix ne fut décerné pour ce « concours d'éloquence ». Le manuscrit remanié et complété de G. Schw. est une œuvre consciencieuse dans laquelle on trouve des traces des idées de G. de H., mais aucune éloquence académique. Il est intitulé : *Essai d'une histoire de la littérature et de la philosophie en France depuis le commencement du* XVIII° *siècle jusqu'à ce jour*, et formerait la matière d'un volume qui aurait de l'intérêt, même de nos jours. La partie philosophique est traitée avec un soin particulier par l'auteur, très au courant de la philosophie allemande de l'époque; elle a été insérée, à part, dans le numéro de septembre 1807 des *Archives littéraires*.

La correspondance de Vanderbourg nous renseigne sur les tentatives de G. Schw., à la recherche d'un éditeur. *Corinne* seule avait du débit; les éditeurs furent inabordables.

vains de la Révolution ; Chateaubriand, Mercier lui-même et Rétif[1], devraient avoir une place importante. C'est ce que je ne saurais vous conseiller, si vous ne voulez pas vous ôter, de gaîté de cœur, toute chance d'être lauréat. A mon avis, à force de suivre les chemins battus, les Français ont oublié ceux qui restent à ouvrir ; on leur fait grand tort, en les tenant pour aussi exclusifs et leur langue pour aussi pauvre, qu'il leur plaît de le dire. Montrer cela avec détail et le prouver par des exemples topiques me semblerait une entreprise des plus utiles.

---

1. Sébastien Mercier et Rétif (de la Bretonne). — Il ne faut pas trop s'étonner de rencontrer les noms de ces réalistes excentriques sous la plume de l'idéaliste. En 1789, Mercier avait piloté très obligeamment G. de H. et Campe, son ami, dans Paris. Et pendant son dernier séjour parisien, G. de H. avait eu des rapports personnels avec Rétif, dont il compare les façons d'être à celles de Wieland, dans une lettre à Schiller. D'ailleurs les thèses anti-classiques de l'ex-professeur Mercier et la pornographie humanitaire de Rétif, ce Diderot en délire, avaient trouvé de l'écho, avant 89, au delà du Rhin. Leurs livres, traduits en allemand, avaient été lus avec faveur, au moment où l'école romantique allait revendiquer l'indépendance absolue de l'inspiration. Mercier qualifiant, dans son *Essai sur l'art dramatique,* Racine et Boileau de « pestiférés de la littérature », semblait commenter *Les Lettres sur la littérature* et *la Dramaturgie* de Lessing, appréciateur de Diderot. Rétif était appelé « le Richardson français » par le candide Lavater, et les idées justes, perdues dans son fatras, avaient été formulées en règlements de police par Joseph II. Cet empereur « éclairé » lui avait même envoyé la tabatière officielle que Rétif refusa, dit-on, comme républicain ; la Convention lui allouait, en 1795, une pension de 2,000 livres, comme « auteur d'ouvrages moraux » !

A ma honte, il me faut confesser que, depuis que je suis ici, je n'ai véritablement rien fait en matière de recherches linguistiques. Croyez-moi, mon cher ami, dans ce pays et sous ce ciel, il est doublement dur de rester au logis. Et puis, toujours revient la pensée : *Carpe horam, quam minimum credulus posteræ*[1], et *les Basques* eux-mêmes sont ensevelis dans un profond oubli. Qui peut me garantir le temps pendant lequel je resterai ici? Et une fois parti, le retour de ces jouissances, auxquelles je m'abandonne si doucement, ne me sera-t-il pas refusé à jamais? Quant aux impressions qu'elles m'ont laissées, je vous enverrai bientôt un témoignage qui vous permettra d'en juger par vous-même. Vers la fin de l'hiver, j'ai composé sur Rome des stances qui forment une pièce trop longue pour que je la transcrive ici; elle s'imprime en ce moment à Berlin. C'est le reflet fidèle de mes sentiments; elle vous plaira pour cette raison. Le fait est remarquable pour moi, parce que c'est réellement la première fois qu'un sujet me fournit une inspiration poétique. Je sens fort bien que mes stances ont un défaut capital : elles manquent de poésie, dans la forme plutôt que dans la pensée. Mais j'ai donné là, posi-

---

[1]. *Carpe diem, quam minimum credula postero.* Horace, *Odes,* L. 1, XI.

tivement, mon maximum poétique et je craindrais de rester au-dessous du présent essai, si je venais à renouveler pareille tentative[1]. Pour vous en donner cependant un échantillon, voici l'avant-dernière strophe qui résume la pièce :

Ainsi grandirent, bénies par la Divinité, — ces collines dans le cours des âges; — ce que le cœur a pu tenter de plus grand — s'associe à l'éclat radieux de leurs sommets; — autour d'eux se jouent les destins de l'humanité — comme la couronne de laurier autour d'un front héroïque. — Tout ce qui retentit dans le monde — n'a-t-il pas, ici, son écho dans le passé[2] ?

Ma femme, dont je crois vous avoir annoncé la dernière et heureuse délivrance, est bien portante et satisfaite. Elle vous salue affectueusement; Kohlrausch, Sickler et ceux de mes enfants que vous connaissez

---

[1]. La belle élégie sur l'Amérique, adressée d'Albano à son frère, et ses *Novissima verba*, en forme de sonnets, prouvent que G. de H. n'avait pas juré sur le Styx de renoncer à toute poésie.

[2]. Texte de cette 60° strophe de l'élégie *Rom*, dédiée à M*me* de *Wolzogen, née de Lengefeld*. Rome, octobre 1805 :

So erwuchsen, durch der Gottheit Segen,
Diese Hügel in der Horen Tanz;
Was die Brust kann Grosses je bewegen,
Hängt an ihrer Gipfel heit'rem Glanz,
Um die sich der Menschheit Loose legen
Wie um Heldenstirn ein Lorbeerkranz.
Welcher Laut hat menschlich je geschallet,
Den die Vorzeit hier nicht wiederhallet!

font de même. Je suis complètement satisfait de Sickler; il se dévoue à l'éducation si négligée de Théodore, l'enfant profite extraordinairement sous sa direction. Il se développe chez lui une aptitude spéciale pour le calcul et son application est plus persistante que je n'osais y compter. Caroline se développe aussi beaucoup, mais toujours d'une façon originale; les deux petites filles grandissent et sont vivaces. Quant au dernier petit garçon[1], avec ses quelques mois d'existence il paraît un prodige de taille et de force à tous ceux qui le voient. Voilà où nous en sommes, cher ami. Je suis très peiné de la faiblesse de vos yeux, ménagez-les bien; des cinq sens, la vue est le plus précieux et le plus nécessaire. L'antique Tirésias n'a pas dû troquer de bon gré ses yeux contre le don de prophétie. Je crains que le climat des Ormes, qui doit être fiévreux, ne vous soit défavorable; prenez, je vous en prie, toutes les précautions possibles. Parlez-moi de tout cela et de vos travaux. Cordial adieu, affectueuse amitié.

Votre H.

---

1. Gustave qui devait bientôt avoir le sort de l'aîné Guillaume.

XXIII.

LETTRE DE GUILLAUME DE HUMBOLDT.

Rome, 6 septembre 1806.

Je ne quitte pas Rome, mon très cher ami, bien qu'il soit exact que je suis nommé *Envoyé* à Naples. Je cumule les deux postes et j'ai la faculté, fort enviée par beaucoup de gens et réellement digne d'envie, de partager ma résidence entre ces deux villes si dissemblables, offrant chacune un intérêt si particulier. Quant à savoir comment ce partage se conciliera avec les exigences de ma vie de famille, il faut que j'attende, pour aviser, mes instructions définitives sur la manière dont je devrai remplir ma double mission. Jusqu'à présent, je n'ai rien reçu. S'il faut, comme cela est probable, passer chaque année un certain temps à Naples, je pourrai me trouver assez embarrassé de décider s'il conviendra de me déplacer chaque fois, avec ma nombreuse famille, ou de m'en séparer à des époques déterminées. Pour le moment, je ne veux envisager que les côtés agréables ou intéressants de ma mission et je me réjouis fort de visiter Naples. Comme résidence habituelle, Rome est préférable à tous égards, particulièrement pour moi, parce que l'on n'y est ni distrait ni dérangé par les exigences sociales. Il ne sera pas possible de les éviter à la Cour de Naples, dès que les temps seront un peu plus calmes. Jouir de Naples de temps en temps doit être merveilleux; de plus, tout le pays entre Rome et Naples, la Campanie, est d'un extrême intérêt archéologique pour la période des Empereurs. Je compte m'enquérir avec une grande sollicitude des manuscrits encore non déroulés; on ne s'en occupe pas actuellement, et j'entends dire que la vieille Cour et les Anglais ont emporté les transcriptions déjà faites. Peut-être sera-t-il possible de remettre l'affaire en mouvement. Il est vrai que l'on a d'autres et plus graves soucis pour l'instant!

Je vous ai envoyé ma poésie sous le couvert de Schlabrendorf, mon cher Schweighæuser; il a dû en recevoir, par mon frère, deux exemplaires dont l'un vous est destiné. Ayez la bonté de lui écrire un mot à ce propos et de le lui réclamer; vous connaissez son insouciance pour toute affaire et toute commission. Quand vous aurez l'exemplaire, remplacez, je vous prie, le mot *Tigerhand* [1] (*main de tigre*) par

---

1. Voir stance 17 de l'élégie *Rom*. Appendice, n° 9.

le mot *Siegerhand* (*main du vainqueur*); c'est une faute d'impression qui nous a échappé, à mon frère et à moi, je ne sais comment. Dites-moi franchement et sans détour, très cher ami, ce que vous pensez de l'ensemble et des détails de ma pièce. Une critique de ce genre est actuellement la seule chose qui puisse ranimer mon intérêt à son sujet : si bizarre que cela soit, je préfère entendre critiquer une œuvre complètement terminée, plutôt qu'un travail inachevé. Dans le dernier cas, la critique ne fait qu'inquiéter et suggère rarement des modifications heureuses. Le premier jet seul possède relativement cette facilité et cette liberté qui ne doivent jamais faire défaut à un écrivain. Ce qui est trop limé devient le plus souvent raide et pénible. Je ne pense pas qu'après cet essai, je me reprenne de nouveau à écrire des vers. En vérité, jusqu'à présent je n'en avais pas, une seule fois, fait autant ; c'est vraiment mon enthousiasme pour le sujet qui me les a arrachés ; s'ils ont quelque valeur, ils ne la doivent qu'à cet enthousiasme.

Cette poésie a eu pour conséquence de me porter à songer davantage à l'art et aux antiquités. Je m'en occupe de toutes façons et autant que cela m'est possible ; et je me convaincs de plus en plus que, dans ce domaine tant exploité, on peut rencontrer bien des aperçus nouveaux. Il doit y avoir spécialement beaucoup d'études attrayantes à faire sur les similitudes et sur les dissemblances du génie grec et du génie romain, sur leur provenance respective, sur leur influence distincte dans le développement ultérieur de la civilisation.

Je suis très impatient de vous voir revenir à vos études sur l'antiquité, quoique je sois loin de blâmer votre travail actuel. Bien mieux, je suis persuadé qu'il vous apprendra à envisager la littérature française sous des points de vue nouveaux. Car, si bien que l'on étudie un sujet, il manque toujours quelque chose pour le posséder absolument. C'est là, du moins, ce que j'éprouve fréquemment. Quelque précaution que l'on prenne, le jugement anticipe trop souvent sur la science. — Comment avez-vous traité Diderot?

Je connais personnellement Jaucourt[1] pour l'avoir vu à Paris; il en est de même de Rœderer[2],

1. Comte, puis marquis de Jaucourt, colonel de dragons en 1789, député à la Législative, président du Tribunat en 1802, sénateur en 1803. Une certaine tendance à l'opposition l'avait rapproché de Joseph Bonaparte qu'il avait suivi à Naples, en qualité de premier chambellan. Très lié avec Mme de Staël.

2. Rœderer, envoyé à Naples par le Sénat, en avril 1806, pour féliciter J. Bonaparte de son avènement, y était devenu ministre des finances et préparait la réforme financière qui fut mise à exécution sous Murat.

vous le savez. Mon voyage à Naples me retransplantera en quelque sorte dans mon ancienne société parisienne.

Adieu très cordialement, cher ami. Ma femme et mes enfants vont bien; ils se recommandent à vous, ainsi que Sickler et Kohlrausch. De tout cœur à vous.

Votre H.

XXIV.

LETTRE DE GUILLAUME DE HUMBOLDT.

Rome, 18 juillet 1807.

J'ai reçu, il y a quelques jours, votre bonne lettre du 23 du mois dernier, très cher ami; je vous en remercie très cordialement. Il m'est infiniment doux que vous nous conserviez un souvenir aussi sympathique et que vous continuiez à m'entretenir de vos travaux et de vos affaires.

Les conjonctures politiques, comme vous le verrez par les journaux, se simplifient si l'on veut; mais elles deviennent plus décisives et ma situation est précisément de celles qui reçoivent le contre-coup immédiat des événements. Avant la fin de l'année, je le crois, la question de savoir si je resterai ou non ici, sera tranchée. Partir me chagrinerait fort; mais c'est, moins que jamais, le moment de se soustraire aux missions que l'on reçoit, même sans les avoir recherchées; cela ne serait ni décent ni honorable et je me prépare tranquillement à tout. Vous aurez peine à croire qu'au milieu de ces incertitudes qui portent également sur ce que j'ai de plus précieux et de plus cher, je me sois complètement absorbé dans une étude nouvelle : celle de Démosthènes et des autres orateurs grecs. C'est pour moi une partie inexplorée de la littérature grecque et je crois vous avoir écrit que je me suis éloigné peu à peu des études *barbares*, basques et autres. Les recherches linguistiques elles-mêmes ont cédé devant le charme de la lecture des orateurs et des recherches auxquelles elle entraîne. Comme avant de commencer Démosthènes, j'avais justement lu sans désemparer Pausanias, Diodore et de longs passages de Denys d'Halicarnasse, je suis revenu avec un double plaisir à un véritable grand écrivain. Je n'ai pas d'ailleurs le projet d'en faire l'objet d'une œuvre personnelle; une lecture approfondie me semble préférable. Je ne me suis jamais senti autant de goût pour une occupation de cette nature et les circonstances présentes invitent de reste à vivre dans la retraite, devant une table de travail.

J'ai lu avec grand intérêt vos rapprochements de mots latins et de mots allemands; plusieurs m'ont particulièrement satisfait, parce qu'ils m'avaient échappé jusqu'à présent. Par exemple : *Werk,* Ἔργον; *Hecht* et ἰχθύς, etc. Il en est quelques-uns, bien peu, que je ne saurais admettre, ainsi : *alt* et *antiquus*. *Antiquus* vient, ce me semble, de *ante* que nous retrouvons dans la syllabe *an* de *Antlitz* et de *Anhne*. Quant à *alt*, je le ferais venir de *oleo*, pris dans le sens de *crescere*, synonyme de *alere*, d'où viennent aussi *proles, soboles, exolatus*. Mais ce sont là des idées sur lesquelles je n'insiste pas. Tous mes livres ayant trait à la matière se trouvent à Albano, ma résidence actuelle; je ne puis donc faire de recherches afin de m'assurer de ce qui a été dit à ce sujet. — Votre façon de rapprocher *mot pour mot* ne laisse pas que de susciter quelques difficultés, ainsi : *denken* et δοκέω. Sans nier la parenté de ces mots, je pense qu'il y aurait lieu de les relier par plusieurs intermédiaires. Je rapprocherais simplement *denken* de δινέω; car on peut prouver que, primitivement, *denken* exprimait un mouvement corporel. Pour δοκέω, j'hésite beaucoup. N'implique-t-il pas l'idée de *doute*, — διάζω de δύω — qui indique toujours une pensée incertaine? — J'ai songé d'abord à vous faire un cadeau correspondant au vôtre et à vous envoyer un vocabulaire sommaire gréco-allemand, tiré de mes notes. Mais à cette fin, votre lettre serait sans doute restée longtemps sans réponse; or notre affectueux échange de correspondances a plus de prix à mes yeux, que les mots de toutes les langues du monde. Si je donne suite à mon idée, je vous communiquerai mon travail.

Quant aux origines du grec, je pense, comme vous, qu'il faut laisser les ténèbres rester ténèbres. — Au sujet des indices d'une provenance asiatique, il ne peut y avoir qu'un malentendu entre nous. Personne ne saurait nier que l'Asie-Mineure et la Grèce n'aient été habitées par des peuples ayant des traits communs, ni que, dès le temps de nos Grecs à nous — je veux dire ceux qui ont laissé des écrits — les souvenirs concernant quelques-unes des peuplades d'Asie-Mineure remontaient déjà si loin, que les historiens grecs, qui ne se distinguaient pas par le sens critique, ont pu les considérer comme les ancêtres des Hellènes. Pour moi, il m'a toujours semblé que les plus anciennes de ces peuplades ont émigré, dans le principe, de Grèce en Asie et non d'Asie en Grèce. En admettant même que la Grèce ait été peuplée par une immigration asiatique — je ne trouve aucune preuve *historique* d'immigration de ce genre — quelques-uns de ces émigrants auraient dû revenir à leur point de départ. — On doit toujours distinguer avec soin ces successions de migrations; Schlözer[1], dans son *Histoire du Nord,* a déjà appelé l'attention sur ce point. — Il faudrait aussi que les émigrants primitifs se fussent divisés pour se diri-

---

1. Schlözer, savant historien (1737-1809), qui a créé l'histoire de la Russie. G. de H. avait suivi ses cours à l'Université de Göttingue.

ger les uns vers l'Asie-Mineure, les autres vers la Grèce, et que quelques-uns enfin ne fussent arrivés qu'en tout dernier lieu. Quoi qu'il en soit, il m'est impossible de reconnaître dans les Cariens et les Lélèges la race qui a réellement peuplé la Grèce[1].

En général, vous jugez bien *Corinne*; ce livre contient cependant beaucoup d'ingénieuses et belles pensées. Je suis de votre avis au sujet des expressions tirées de ma poésie : il me paraît impossible de faire d'une pensée très accessoire, qui n'est exprimée qu'une seule fois dans ma pièce, une application plus malheureuse. Au surplus, voici mon texte :

Cité des ruines! Asile des croyants! — Tu sembles n'être qu'une image du passé. — Tes citoyens sont les pèlerins venus seulement — pour s'émerveiller devant ta grandeur. — Car, parmi toutes les cités, tu as été choisie — par le Temps, qui triomphe de tout, pour être son trône. — Afin que tu sois le miroir du cours des siècles, — Zeus a couronné tes collines du prestige de l'empire[2].

---

1. Voir à l'appendice n° 10, quelques remarques sur les idées de G. de H. comparées à l'état actuel de la question.

2. 8ᵉ strophe de l'élégie *Rom* :

Stadt der Trümmer! Zuflucht der Frommen!
Bild nur scheinst du der Vergangenheit,
Pilger deine Bürger, nur gekommen,
Anzustaunen deine Herrlichkeit.

Je regrette extrêmement que ma poésie n'ait encore pu être lue par vous; l'envoi fait à Schlabrendorf a dû se perdre. Je vais écrire sans délai à Alexandre; il doit y avoir maintenant beaucoup d'occasions entre Berlin et Paris.

J'avais d'abord eu l'intention de ne pas vous parler du malheur[1] qui vous a atteint et qui a doublement affecté ma femme et Kohlrausch, qui con-

---

*Denn vor allen Städten hat genommen
Dich zum Thron die allgewalt'ge Zeit;
Dass du seist des Weltenlaufes Spiegel,
Krönte Zeus mit Herrschaft deine Hügel.*

Le passage de *Corinne* auquel Humboldt fait allusion se trouve à la fin du livre I :

« Dans ce vaste caravansérail de Rome tout est étranger, *même les Romains, qui semblent habiter là, non comme des possesseurs, mais comme des pèlerins qui se reposent auprès des ruines.* »

En note, Mme de Staël dit :

« Cette expression est puisée dans une épître sur Rome par M. de Humboldt, frère du célèbre voyageur et ministre de Prusse à Rome. Il est difficile de rencontrer nulle part un homme dont l'entretien et les écrits supposent plus de connaissances et d'idées. »

Le compliment n'empêche pas Humboldt de protester contre l'interprétation donnée à sa pensée, dont le sens est en effet trop généralisé.

1. G. Schw. avait perdu sa mère, le 23 mars 1807. La mère de Geoffroi avait été un esprit cultivé et un caractère bien trempé. Durant la Terreur, alors que son modeste revenu était à peu près perdu, son fils aîné sous les drapeaux, son mari emprisonné, puis déporté à l'intérieur, son patriotisme français et sa confiance dans

naissaient la défunte; je craignais de raviver votre chagrin. Cependant je ne veux pas fermer ma lettre, sans vous dire combien je suis peiné. C'est une douloureuse impression, je l'ai moi-même éprouvée souvent, de se sentir de plus en plus isolé, de voir partir ceux que l'on aimerait à accompagner sur l'heure; car lorsqu'on les suit plus tard, si leur tendre souvenir nous est resté intact, leur image, à leur dernier moment, s'est effacée de nos yeux. Votre voyage à Strasbourg va vous donner de bien tristes émotions, au lieu de celles que vous pouviez espérer.

Sikler[1], qui s'est fort éloigné de moi et que je n'ai pas vu depuis plusieurs mois, est parti pour Naples où il doit passer quelques semaines. — Millin a été bien inspiré de ne pas vous procurer la place en question, si elle est telle que vous le dites. Vous

---

le succès final de la Révolution furent inébranlables. Dans la monographie citée précédemment, M. C. Rabany a publié quelques lettres de cette courageuse mère de famille. La lecture de l'ensemble de sa correspondance inédite confirme les sentiments de haute estime qu'inspiraient déjà ces extraits.

1. En quittant assez froidement, semble-t-il, la maison Humboldt, Sickler avait gardé sa démangeaison d'écrire et hérité, en sus, du dédain de son patron pour les « pierres non taillées », chères à l'abbé Petit-Radel. (V. lettre de G. de H. du 21 juillet 1804.)

Il publia, dans le *Magasin encyclopédique* de 1810, trois articles dans lesquels, se fondant sur le passage de Vitruve relatif à l'*opus*

ferez bien de garder votre situation actuelle qui vous en fait espérer une autre plus agréable et plus indépendante dans l'avenir. Ma femme vous salue cordialement, très cher ami ; Kohlrausch en fait autant.

Bien affectueusement adieu ; gardez-moi votre bonne amitié. Toujours invariablement et sincèrement à vous.

Votre H.

---

incertum romain (liv. II, c. VIII), il contestait la haute antiquité des constructions cyclopéennes ou pélasgiques.

Le savant abbé paraît avoir été piqué au vif par l'incursion sur ses domaines du « jeune littérateur », comme il appelle Sickler dans une lettre spécialement adressée à l'Institut. Une commission constituée, à sa requête, par Quatremère de Quincy, Heurtier, Dufourny, Visconti, statua sur le litige archéologique. En réfutant fort poliment l'interprétation du « jeune docteur en philosophie saxon », elle proclama la haute antiquité des monuments discutés. (V. *Moniteur*, 1812, p. 432 et suivantes.)

XXV.

LETTRE DE GUILLAUME DE HUMBOLDT.

Rome, 29 août 1807.

Je me trouve précisément à Rome, très cher ami, au moment où je reçois votre lettre du 7 de ce mois, et je profite de ma solitude — ma femme et mes enfants sont à Albano où je retournerai dans quelques jours — pour vous répondre sur l'heure. Je vous remercie de tout cœur, mon cher, de ce que vous me dites à l'occasion de la paix [1]. La fin de l'effusion du sang doit toujours causer une satisfaction profonde à tout homme qui n'est pas indifférent au bien de l'humanité. Mais si, sans même s'attacher spécialement à l'abaissement de la Prusse qui aura peut-être ses compensations au point de vue de l'histoire universelle, on considère la situation de l'Allemagne, l'époque actuelle ne peut que paraître infiniment triste aux yeux d'un Allemand, qui de plus est Prussien. C'est là mon impression, cher Schweighæuser; je suis cependant plus heureux

---

1. Traité de paix de Tilsit entre la France et la Prusse du 9 juillet 1807.

que la plupart de ceux qui partagent mes sentiments, parce que ma tristesse trouve des consolations dans mon commerce avec les Anciens et s'associe avec le beau, doux et mélancolique pays que j'habite. Quant à ma position, je crois pouvoir me livrer à des espérances meilleures et plus fondées. Je suis, il est vrai, sans nouvelles directes de ma Cour depuis la paix; mais il me semble comme à vous que, si le nombre de sujets catholiques laissés au Roi n'est plus assez considérable pour que l'on dût songer à accréditer ici un Envoyé, au cas où il n'y en aurait pas eu antérieurement, ce nombre est toujours assez important pour que l'on maintienne l'agent qui mène les affaires à Rome depuis plusieurs années. Il y a d'ailleurs intérêt pour notre Gouvernement à conserver ici un représentant, en vue de la Cour de Naples. Le poste maintenu, je n'ai aucune raison de craindre de le perdre. Peut-être mon traitement subira-t-il une réduction; c'est là une misère à laquelle on ne saurait s'arrêter sérieusement dans les circonstances présentes. La résignation devient d'ailleurs moins amère, quand sa nécessité est comprise par tout le monde.

Si je reste ici, mes occupations vont se multiplier; Démosthènes et mes autres études ne pourront qu'y perdre. Moi aussi, j'ai été agréablement surpris de constater que nous nous sommes de nouveau rencontrés dans nos projets littéraires. Cependant ce n'est pas Démosthènes que j'ai uniquement en vue, mais plutôt toute l'histoire de son époque, qu'aucun grand écrivain n'a exposée intégralement et dont il faut rassembler les éléments épars. Cette période, commençant au début du règne de Philippe et finissant à la bataille de Chéronée, est une des plus intéressantes et des plus remarquables de l'histoire grecque. Je prends donc exactement note — pour mon usage particulier, car je ne médite aucune œuvre personnelle — de tous les faits historiques relatés par Démosthènes; je les rapproche et je veux rattacher à Démosthènes, non seulement Eschine dont il est inséparable, mais tous les orateurs contemporains. Pour commencer, et en ce qui touche Démosthènes aussi bien que les autres, je ne lis que les harangues politiques.

Je trouve dans Ruhnkenius[1], *Histor. critic. orat. Græcorum*, l'indication abrégée du titre d'un livre. Je lis : Jonsius, *De scriptoribus historiæ philip-*

---

1. Ruhnkenius (David), en allemand *Ruhnken* (1723-1798), célèbre philologue, né en Poméranie, professeur à Leyde. La correspondance inédite de Jean Schw. apprend qu'il était entré en relations personnelles avec Ruhnkenius, pendant les voyages qu'il avait faits, dans sa jeunesse, en quête de manuscrits grecs.

picæ[1] ; connaissez-vous cet ouvrage ? Je n'ai même pas sous la main *les Historiens d'Alexandre* de Sainte-Croix, pour me renseigner.

Sans l'édition de Démosthènes par Reiske[2] vous aurez à résoudre plus d'une difficulté que vous pourriez vraiment vous épargner. Cette édition n'est pas absolument bonne, mais elle fournit quantité d'éclaircissements et Reiske a notablement contribué à débarrasser la lecture du texte d'une foule de petites obscurités. Quant à ses *mendationes* plus importantes, elles me semblent rarement acceptables. — Je serais surpris si, après avoir lu davantage Démosthènes, vous persistiez à vouloir le traduire. J'en doute.

Quelque admirable qu'il soit, il n'y a au fond que les *Philippiques* qui offrent un intérêt supérieur et général. Ses autres harangues ont moins d'attrait, soit par les sujets en eux-mêmes, soit par la manière dont ils sont traités ; surtout à cause des querelles et récriminations particulières dont elles sont remplies. On trouve, il est vrai, des choses semblables dans les *Philippiques* et l'on y rencontre, de

---

1. Le titre exact est : *De scriptoribus historiæ philosophiæ*. Jonsius (Jean), savant né dans le Holstein, professeur à Kœnigsberg et à Francfort (1624-1659).

2. Dans les *Oratores græci*. Leipzig (1770-1775) ; Reiske, orientaliste et philologue (1716-1774).

plus, des répétitions textuelles que je ne réussis pas à m'expliquer jusqu'à présent. Car si ces harangues ont été recueillies au moment où Démosthènes les prononçait, il est absolument impossible qu'il se soit ainsi répété mot pour mot, à diverses reprises, pendant des pages entières; si c'est lui-même qui les a rédigées, avant ou après leur prononcé, ce seraient de véritables plagiats qu'il aurait commis envers lui-même.

Mais ce qui est réellement beau chez lui est incomparable. Son caractère distinctif, celui du moins qui me séduit tant, c'est l'élévation sans *pathos*. Aucun autre orateur n'a été moins ampoulé; nulle part, bien que les occasions en soient fréquentes, on ne rencontre une amplification oratoire sur l'antique gloire d'Athènes. Ces quelques mots : « Je veux me « taire sur eux, car les actions de ces hommes sont « trop hautes pour que la parole puisse les atteindre! » sont plus saisissants que tout ce que l'on saurait ajouter. A cette noble simplicité se joignent la clarté, la netteté de l'exposition et une saine raison qui supprime toute tendance à la plaisanterie, tout écart d'imagination, tout jeu d'esprit. Ces qualités essentielles sont admirablement rehaussées par le choix judicieux des mots, par l'élégance de la diction attique, par la gravité et la virilité du style. —

Jacobs[1] n'a traduit en allemand que les *Philippiques;* si quelqu'un songeait à y ajouter le *De falsa legatione* et le *Pro corona,* l'inspiration ne serait pas mauvaise.

Mais en voilà assez; je me laisse entraîner.

Je vous remercie des nouvelles que vous me donnez de votre famille. Ma femme, qui ne sait pas que je vous écris, et mes enfants vont bien. Peut-être irai-je cet hiver en Allemagne, afin de mettre un peu d'ordre dans mes affaires et dans celles de ma femme. J'hésite à échanger le ciel bleu contre un ciel gris; car lorsque nos poètes du Nord parlent de ciel bleu, il faut bien dire : *Verba valent sicut nummi!* — J'approuve très fort la publication de votre travail français[2]; elle vous fera mieux connaître et éveillera sur vous l'attention du public français qui lit.

Cordial adieu; écrivez-moi bientôt de nouveau, très cher ami.

Toujours avec les mêmes sentiments.

Votre Humboldt.

---

1. Jacobs (Chrétien Frédéric Guillaume), philologue et littérateur allemand, né à Gotha en 1764 et mort dans la même ville en 1847. Voir *Demosthenes Staatsreden;* übersetzt und mit erläuternden Anmerkungen von F. Jacobs. Leipzig, 1805. In-8°.

2. L'*Essai sur la littérature française* dont il a été question à l'occasion de la lettre du 2 juillet 1806. Le public français lisait peu à cette époque et l'éditeur manqua.

XXVI.

LETTRE DE GUILLAUME DE HUMBOLDT.

Rome, 4 novembre 1807.

Je n'aurais pas cru, mon cher, en lisant dans les feuilles publiques l'annonce du décès du préfet Chéron[1], que cette mort éveillerait mon intérêt, en raison de la part que vous y prendriez. Ce que vous me dites sur son compte me fait regretter sincèrement sa perte, en elle-même et par rapport à vous.

La date de mon départ est toujours indécise. J'attends mon congé, je ne reçois pas de réponse et je ne puis raisonnablement en attendre, avant la fin du mois. Aussitôt parvenue, je partirai sans doute immédiatement. Je désirerais vivement, très cher ami, que ce voyage me rapprochât de vous; cela est possible, mais tout ce qui peut survenir, avant mon arrivée en Allemagne, Θεῶν ἐν γούνασι κεῖται (est

---

1. Chéron (L. Claude), 1758-1807, préfet de la Vienne, ancien membre de la Législative, avait les habitudes sociables et littéraires du xviiie siècle. Il a composé quelques pièces de théâtre, imitées de l'anglais. Lié avec Suard et avec l'abbé Morellet qui le pleura comme un fils, malgré ses quatre-vingts ans. (V. *Lettres de Vanderbourg à G. Schw.*, lettre du 29 octobre 1807.)

sur les genoux des Dieux, en leur pouvoir); je n'ose me livrer à aucune prévision. Je désire revenir en Italie et conserver mon poste actuel; c'est tout ce qu'il m'est permis de dire en ce moment. Vous connaissez la situation de ma patrie; tout encouragement serait superflu. Je continuerai à vous donner de mes nouvelles, vous saurez toujours ce que je deviens.

Je vous remercie affectueusement, mon cher, de l'amitié et de la confiance avec lesquelles vous me parlez de vous, de vos travaux littéraires et de vos autres projets. Vous savez combien je m'intéresse à vous, à ce que vous faites, et combien je serais heureux de vous être utile, ne fût-ce que par un conseil. Vous connaissant comme je vous connais, au courant de votre vie, je pense que les lettres doivent rester votre objet essentiel. Vos aptitudes sont de ce côté; vous avez du talent, une instruction étendue, et il serait à regretter, pour les lettres et pour vous-même, de vous voir changer subitement de voie. Je crois cependant qu'une de ces carrières mixtes, comme il y en a dans votre pays peut-être plus qu'ailleurs, serait ce qui vous conviendrait. D'autant mieux que votre genre d'études y est moins en faveur et moins encouragé que les sciences dites exactes. On fait bien, chez vous plus qu'autre part, de ne pas oublier le conseil de Pindare au sujet des deux ancres[1]. Vous avez du reste une aptitude suffisante pour les affaires; vous vous y mettriez rapidement. La diplomatie me semblerait la carrière la plus agréable et la plus appropriée à vos goûts; un poste de secrétaire de légation aurait d'ailleurs l'avantage de vous permettre de satisfaire votre désir de visiter les pays étrangers. Pour obtenir cette place ou toute autre analogue, il n'y aurait pas à faire de grandes démarches préliminaires, et cela aussi aurait son bon côté, parce que vous ne seriez pas obligé d'abandonner présentement vos études.

Voici comment je procéderais à votre place. Tant que durerait votre engagement actuel — je ne l'abandonnerais que pour entrer immédiatement dans une place plus mêlée à la vie active — je ne songerais qu'à mener une existence purement littéraire: j'étudierais, j'écrirais. L'engagement fini, je me mettrais, sans délai, à chercher sérieusement et activement, à Paris, une position du genre de celle dont il est question. Et certainement tout irait bien. Dès maintenant, vous pourriez faire part de votre désir à quelque homme influent; car, soit dit en passant, peut-être se présentera-t-il une occasion trop favo-

---

[1]. Pindare, *Olymp.* VI, Ep. 5 : « Il est bon, dans une nuit orageuse, d'avoir deux ancres à jeter du vaisseau rapide. »

rable pour la laisser échapper. Voilà, mon cher ami, tout ce que je pense en général d'un plan de vie pour vous. Pour le présent, je vous engage surtout à être calme et à demeurer paisiblement dans votre position, jusqu'à ce qu'il vaille vraiment la peine de la quitter.

Quant à votre projet littéraire actuel, il est singulier que je ne puisse vous en rien dire, sans parler beaucoup plus de moi, que de vous. C'est réellement un étrange hasard que, tous les deux et simultanément, nous en soyons venus à nous occuper de Démosthènes. Comme il n'est plus question, de votre part, d'une simple traduction, mais d'une histoire de l'orateur, je suis tenté de vous prier de renoncer à ce projet. Le sacrifice ne serait pas trop dur, puisque vous ne me semblez pas tout à fait décidé et que vous n'avez même pas commencé les travaux préparatoires. Vous devinez sans peine, très cher ami, que je médite un dessein semblable; si je vous en fais part, ce n'est que sous le sceau du plus grand et du plus absolu secret[1]. Mon dessein — auquel m'a donc amené Démosthènes — est d'écrire une *Histoire de*

---

1. Le secret a été si bien gardé, qu'il n'est question nulle part du travail historique que G. de H. entreprenait. Peut-être les éléments s'en retrouveraient-ils dans les manuscrits non dépouillés dont R. Haym a signalé l'existence à la bibliothèque royale de

la décadence et de la chute des républiques grecques, en considérant cette époque comme un point central auquel se rattache tout ce que nous savons d'histoire universelle. Car il me paraît que, de même que la chute de l'empire romain — Gibbon l'a fort bien montré — constitue un point central historique pour la diffusion de tout ce qui est, chez nous, le *côté extérieur* de la civilisation : législation, organisation politique, religion, etc., la chute des républiques grecques l'est également pour son *côté intime :* arts, philosophie, sciences, idées. Mon travail comprend trois propositions : comment s'est formé l'esprit grec ? Comment a-t-il influé, premièrement, sur les Romains ; secondement, sur nous ? Comment cette influence peut-elle être utilisée de nos jours ? J'avoue que je voudrais élever un monument à l'intention de la pauvre Allemagne bouleversée, parce que, dans ma conviction intime, l'esprit grec greffé sur l'esprit allemand produira quelque chose, lorsque l'humanité reprendra sans obstacle sa marche progressive. Vous me direz, mon cher ami, que c'est l'œuvre d'une vie entière ; aussi je me hâte de penser que

---

Berlin. Il serait surtout désirable de retrouver l'Introduction sur « l'essence et les origines du génie grec » à laquelle G. de H. mettait la dernière main, en novembre 1807, comme on le voit plus loin.

ce serait précisément ma joie de consacrer ma vie à ce grand ouvrage. Je suis également décidé à ne travailler, pour le moment et jusqu'au jour de son impression, qu'à une partie déterminée de ma tâche. Je divise l'époque de décadence en trois périodes : celle de Philippe et d'Alexandre, faisant dater la décadence du commencement du règne de Philippe; celle des généraux d'Alexandre; enfin période romaine, jusqu'à la réduction de l'Achaïe en province. Je me borne actuellement à mettre la dernière main à la première période. Comme elle exige une Introduction dont l'importance est grande, puisqu'elle traite de la Grèce en général, de tout ce qui caractérise le génie grec dans son essence, et autant que possible dans ses origines, j'ai devant moi un travail de longue haleine.

Ne souriez pas, très cher ami, du mystère que je fais de mon projet. En vérité, je n'en ai dit mot à *personne,* sans aucune exception, et beaucoup de motifs me déterminent à garder le silence. En premier lieu, il a été si souvent question de moi, à propos de travaux commencés, que je ne veux pas donner occasion d'en augmenter la liste; en second lieu — et ici le motif ne dépend plus uniquement de moi — mon sujet a, sans qu'il y ait de mon fait, une certaine analogie avec les temps présents. Or des gens qui n'ont rien de mieux à faire donneraient à entendre que je l'ai choisi à cause de cela. Si le livre paraît, il se défendra lui-même ; mais jusqu'alors, je pourrais me trouver exposé à des jugements et à des suppositions qui seraient capables de porter préjudice même à ma position officielle. J'évite enfin toute confidence, afin qu'un autre écrivain plus prompt que moi ne s'empare de mon idée. Si, comme vous, quelqu'un tombe fortuitement sur ce sujet, advienne que pourra ! Comme la façon de traiter la matière dépendra du point de vue adopté, mon œuvre se distinguera toujours d'œuvres semblables. C'est avec vous seul, très cher ami, que j'ai désiré ne pas me rencontrer sur un terrain semblable, et cela uniquement parce que je n'ai pas voulu me priver du plaisir de recevoir vos avis et vos encouragements. Si nous avions travaillé au même sujet, j'aurais craint d'être exposé à vous emprunter vos idées. Voilà pourquoi je vous ai adressé plus haut ma requête. Mais j'en ai dit assez d'un projet qui sera peut-être, ainsi que toute chose aujourd'hui, une bulle de savon, destinée à disparaître au premier accident.

J'ai envoyé à Millin, par le cardinal Bayanne[1] qui

---

[1]. Cardinal de Bayane ou Bayanne (Alphonse-Hubert), né à Valence en 1735, mort à Paris en 1818 pair de France, et duc de Lattier, appartenait à l'une des plus anciennes familles du Dau-

est parti pour Paris, deux exemplaires de ma poésie, en priant Millin de vous en adresser un; j'espère que vous l'avez reçu. La suite des idées qui s'y trouvent développées vous fera mieux pénétrer l'économie du plan de mon travail actuel et de ses éléments fondamentaux.

Adieu cordial; ma femme vous envoie ses compliments les plus affectueux. Ma meilleure amitié.

Votre H.

---

phiné. Docteur en Sorbonne et auditeur de Rote, il résidait à Rome depuis trente ans et avait été revêtu de la pourpre en 1802. Le Saint-Siège venait de l'envoyer à Paris, à la place du cardinal Litta, non agréé par l'Empereur, afin de tenter un accommodement avec Napoléon. Bayanne échoua et reçut ses passeports en janvier 1808, peu de temps avant l'occupation de Rome par le général Miollis. La personne du négociateur n'avait pas déplu à l'Empereur, qui le nomma au Sénat, en 1813.

XXVII.

LETTRE DE GUILLAUME DE HUMBOLDT.

Rome, 9 janvier 1808.

Votre lettre, très cher ami, m'a encore trouvé tranquillement installé ici; je vous remercie sincèrement de la promptitude avec laquelle vous me répondez chaque fois. J'ai reçu mon congé, modifié en ce sens que je ne pourrai partir avant le 1er mai; je crois que l'incertitude où l'on était, au moment où l'on m'a écrit, sur la date du voyage de l'empereur Napoléon en Italie[1], est la raison pour laquelle on n'a pas voulu me permettre de m'éloigner immédiatement. Il était naturel que le Roi désirât avoir un représentant ici, dans des circonstances aussi intéressantes. Comme mon voyage est urgent, j'ai récrit afin d'obtenir l'autorisation d'avancer mon départ de quatre ou huit semaines; j'attends la réponse dans le courant de février et je verrai alors la tournure que prendront les événements. Le voyage de mon frère à Paris ne peut avoir aucune influence

---

1. Voyage de l'automne 1807. Parti le 14 novembre, arrivé à Milan le 21, Napoléon rentra à Paris le 1er janvier 1808.

sur le mien. Malgré mon désir ardent de le revoir à cette occasion, il me faut aller directement là où m'appellent mes affaires, c'est-à-dire à Erfurt et à Berlin. Ce n'est qu'à mon retour que je pourrais me rapprocher du Rhin; mais comme votre voyage de ce côté doit avoir lieu dès le printemps, je ne vois guère la possibilité de vous rejoindre, mon cher ami. J'écrirai avec grand plaisir à mon frère à votre sujet, bien que la précaution me semble inutile; je suis persuadé qu'il sera très heureux de vous revoir à Paris.

Je suis tout à fait d'accord avec vous en ce qui concerne votre carrière. A aucun point de vue, je ne vous conseillerais l'enseignement élémentaire, — surtout pas celui-là. Ainsi que vous l'observez justement, il n'offre que des avantages matériels insuffisants et ne porte pas assez vers l'étude; j'estime avec vous que vous ne devez pas écouter ceux qui prétendent vous *emprisonner,* comme vous le dites, dans le domaine philologique grammatical. Vos talents, votre instruction, ne vous permettent pas de vous restreindre à cette philologie qui s'arrête aux confins de la littérature et de la philosophie; c'est précisément dans ces deux dernières branches de connaissances que vous êtes appelé à réussir, et le travail que vous avez en vue en ce moment me paraît particulièrement bien choisi à cet égard. Mais il vous sera difficile de vous borner à de simples *Suppléments* à La Harpe. Dans ma conviction, son ouvrage[1] — absolument pitoyable et propre à étouffer tout vrai talent dans son germe — n'a pu échapper qu'en France à une désapprobation universelle. Il ne contient pas une idée essentielle — à moins que ce ne soit une idée des Anciens qu'il n'a pas réussi à dénaturer — que vous puissiez adopter; ses vues sont fausses, ses principes erronés[2]. Il serait peut-être opportun de reprendre toute la littérature ancienne — celle-là seulement — et de la traiter autrement que n'a fait La Harpe. On pourrait aussi montrer quelles sont les causes de la sécheresse lamentable de sa critique de la littérature moderne; peut-être arriverait-on ainsi à empêcher le public de tolérer, avec la patience

---

1. *Lycée ou Cours de littérature* (16 vol. 1799-1805).

2. G. de H. atténue la rigueur de son jugement dans sa lettre du 6 avril 1808. Mais il y a toujours un abîme entre la critique, comme la comprend G. de H. dans ses *Observations sur Hermann et Dorothée*, dans son *Introduction* à sa traduction d'*Agamemnon*, dans sa *Préface* à sa *Correspondance avec Schiller*, et la façon dont la pratiquait La Harpe, esclave de la *Poétique d'Aristote*, « ce petit livre, « lambeau informe d'une œuvre perdue, plein de théories hasar- « dées, qui a eu la fortune étrange de conserver son empire pen- « dant plus de deux siècles, en dépit de presque toute raison ». (Pierron, *Histoire de la littérature grecque.*)

dont il a fait preuve, l'extension de cette méthode de critique à la nouvelle littérature. Mais il conviendrait de procéder avec discrétion, sans s'annoncer comme un contradicteur absolu de La Harpe. On pourrait dire, très naturellement, que l'on n'entend revenir que sur la partie de l'œuvre à laquelle l'auteur, préoccupé de l'ensemble, n'a pu donner tous les soins désirables. — Un travail sur les sciences politiques aurait incontestablement plus d'importance et serait plus digne de votre attention.

Je m'étonne, très cher ami, que Millin ne vous ait pas envoyé ma poésie; réclamez-la-lui, quand vous lui écrirez. Le cardinal Bayanne a dû la lui remettre, car Schlabrendorff, à qui je l'ai adressée par ce même intermédiaire, l'a bien reçue.

Je ne sais si ma femme pourra vous répondre aujourd'hui. Depuis ma dernière lettre, cher ami, nous avons fait une perte irréparable : notre plus jeune fils, Gustave, est mort tout à coup, à la suite de quelques jours de maladie. Ce terrible événement nous a accablés tous les deux; je ne sais vraiment si la pauvre mère pourra jamais retrouver sa sérénité; elle vous écrira certainement bientôt.

Toujours avec la même amitié.

Votre H.

XXVIII.

LETTRE DE Mme DE HUMBOLDT.

Rome, 2 avril 1808.

Ne croyez pas que ma sympathie pour vous et ma constante amitié se soient amoindries, parce que je ne réponds qu'aujourd'hui à votre bonne lettre du 13 décembre, mon cher Schweighæuser. Je n'oublie pas votre bonté, mon cœur en garde le souvenir reconnaissant; mais je suis presque incapable de rien dire. Le destin m'a frappée d'une manière cruelle. Mon mari a dû vous faire part de la nouvelle perte que nous avons éprouvée; il m'a assistée fidèlement, hélas! que peut l'assistance dans une épreuve pareille? Qui saurait adoucir les tourments d'un cœur maternel? Cet adoucissement, je n'en voudrais pas d'ailleurs. Guillaume, Louise, Gustave m'ont été arrachés de la manière la plus douloureuse; bien qu'il me reste quatre enfants, croyez-vous que je puisse avoir quelque confiance dans le destin? J'ai trop subi ses coups! Hélas! je ne plains pas ceux qui ne voient plus la lumière du soleil; je ne puis gémir que sur moi-même, sur moi qui les ai enfantés, chéris, soignés, pour aboutir à ce déchirement suprême!

Vous vous informez de mes enfants : Caroline est une florissante et charmante jeune fille; son âme est aussi pure, aussi attrayante, aussi saine, que son aimable personne. Théodore se porte maintenant fort bien, il a extraordinairement grandi. La mort de son petit frère Gustave, qui était son favori et sur lequel il a veillé pendant vingt-deux mois — c'est le temps pendant lequel nous l'avons gardé, je l'ai nourri vingt mois — avec une sollicitude et une délicatesse rares, m'a fait découvrir en lui des aptitudes qui me donnent lieu de tout espérer et de tout craindre. C'est vraiment un brave garçon; vivra-t-il pour devenir un homme? L'étude lui est pénible; ses fréquents changements de précepteur, sa santé si longtemps délicate, sont des antécédents qui pèsent sur lui, mais il a du fonds.

Puis viennent les fillettes que vous ne connaissez pas : Adélaïde et Gabrielle. Ce sont deux jolies fleurs : Adélaïde, délicate et svelte; Gabrielle, forte et vigoureuse. Elles sont inséparables; Allemandes par l'éducation première, Italiennes par le langage, la physionomie et les manières. Que ne pouvez-vous les voir!

Ne viendrez vous donc jamais en Italie? Et nous, resterons-nous ici? Je l'ignore; qui peut prévoir aujourd'hui quelque chose?

Adieu, mon bon ami; mille amitiés sincères.

Caroline.

XXIX.

LETTRE DE GUILLAUME DE HUMBOLDT.

Rome, 6 avril 1808.

Il m'a été infiniment agréable, mon cher ami, d'apprendre que vous avez enfin reçu ma *Rome*[1], après tant de retards. Ce que vous m'en dites m'a fait grand plaisir. Bien que je sente très bien que votre appréciation est celle d'un ami, je n'en suis pas moins heureux de constater que, grâce à ces stances, vous et moi, nous avons éprouvé des impressions semblables à propos d'un même sujet.

Ce que l'on peut espérer de mieux de cette pièce, c'est qu'elle fasse revivre Rome dans l'imagination ou devant les yeux du lecteur, suivant qu'il a joui lui-même de sa vue ou qu'il a été privé de cette jouissance. Il faut que le poète disparaisse derrière la ville incommensurable; c'est elle et non le poète qui doit parler. Avec un pareil sujet, on a plus de

---

1. La complaisance avec laquelle G. de H. revient sur sa poésie montre combien le sujet le possédait et son *autocritique* témoigne de la sûreté de son goût. A l'intention des lecteurs curieux de rapprochements poétiques, nous donnons à l'appendice n° III quelques passages de la pièce de W. Schlegel, mentionnée par G. de Humboldt.

chance de réussir, parce que les noms eux-mêmes portent le lecteur et le font passer plus facilement sur les endroits de moindre valeur. Ce qui manque à ma poésie, je m'en rends parfaitement compte, c'est le véritable accent poétique. Elle a sans doute plus d'inspiration que mes essais précédents dans ce genre, mais cette inspiration est insuffisante: il y a trop de descriptions, là où l'on ne devrait trouver que des images et de l'harmonie; les réflexions et les sentiments dominent l'imagination. Je ne sais si vous connaissez les poésies de Matthisson et de Schlegel (W.) sur Rome. Par sa diction, par sa mise en œuvre, l'élégie de Schlegel est incomparablement plus poétique que la mienne. On y rencontre beaucoup de passages brillants et, au premier abord, la mienne peut sembler lui avoir fait des emprunts. Mais si l'on en retranche la dédicace à Mme de Staël et les derniers vers, dont la pensée et le sentiment ont une haute valeur, elle est pauvre d'idées. C'est une sorte de *compendium* d'histoire romaine; le contraste entre le passé et le présent y est présenté d'une façon triviale et à un point de vue tel, que celui que j'ai adopté peut en être considéré comme la critique et la réfutation.

La poésie de Matthisson est incontestablement d'une valeur très inférieure : ses pensées sont banales, il ne fait guère que rimailler sur les grands noms de l'histoire. Quelques passages, cependant, sont vrais et d'un sentiment touchant, comme cette strophe :

Quand la sévère pyramide, — qui s'élève près la montagne des Tessons (*Monte Testaccio*), — m'appellera vers la vallée où la paix du Léthé — plane sur les tombes solitaires des étrangers [1].

Son rythme se grave facilement dans la mémoire et il est possible que, des trois pièces, la poésie de Matthisson soit celle dont le public se souviendra le mieux.

Il y a longtemps que je méditais les idées qui sont le fonds de ma *Rome* et j'avais commencé à les développer en prose. Je tiens pour exact et juste ce que je dis de l'action de la Grèce sur Rome et de leur action respective sur les temps modernes et sur la culture de l'humanité. Schiller m'avait rendu attentif au discours de Camille [2] et à l'influence qu'une cité

---

1. La pièce de Matthisson est intitulée : *Sehnsucht nach Rom* (Désir de Rome). Voici la strophe citée :

Wann winkt die ernste Pyramide,
Die sich am Scherbenberg erhebt,
Zum Thal mich hin, wo Lethe's Friede
Um stille Fremdlingsgræber schwebt!

2. Tite-Live. Livre V. Le discours est résumé dans les stances 41 à 46.

unique et unie a eue sur la grandeur romaine. Dans ses dernières années, une de ses idées favorites était d'écrire une histoire romaine dont le développement devait avoir pour pivots l'incendie de Rome par les Gaulois, le projet d'abandonner la ville et la résolution contraire, présentée par Tite-Live comme une inspiration des dieux. Peut-être cet aperçu est-il mieux à sa place dans une poésie. Je ne sais si vous vous rappelez que l'on trouve dans l'histoire de Venise un événement[1] exactement pareil ; les braves auteurs vénitiens n'ont pas manqué de le commenter.

Moi aussi, j'aurais désiré que Schiller eût pu lire mes stances, bien que je doute que, lui vivant, elles eussent jamais paru. Son souvenir, la pensée que j'ai fait avec lui une perte irréparable, m'ont profondément ému et inspiré, pendant mon travail. Il me semblait que je devais à sa mémoire de parler d'une façon digne de nos longues relations, digne de notre manière de sentir à l'un et à l'autre. En vérité, je puis dire que j'ai perdu en lui l'ami à qui j'ai dû

---

1. La panique fut si grande à Venise, à la nouvelle de la prise de Constantinople et des ravages causés par les Turcs jusqu'aux abords des lagunes, que les Vénitiens, bien que ralliés à la croisade formée par les princes italiens, traitèrent avec Mahomet II, à des conditions honteuses, pour éviter la destruction de leur ville. D'où ce dicton que fit naître leur défaillance : *Siamo Veneziani, poi christiani.* (V. Duruy, *Histoire des temps modernes.*)

toutes les impulsions extérieures que j'ai reçues et que je reste absolument isolé. Gœthe et un certain Kœrner[1], de Dresde, sont les seuls qui aient partagé au même degré mon intimité avec Schiller. Et ce n'est pas seulement la distance qui nous sépare aujourd'hui : Gœthe, replié sur lui-même, n'est guère expansif dans ses rapports; Kœrner a toujours été plus propre à recevoir qu'à donner l'impulsion.

Mais pardonnez-moi, très cher ami, de vous entretenir de moi si longuement; il me reste à peine le temps de répondre, par quelques mots, à ce qui vous concerne personnellement, dans votre lettre. Moi aussi, j'ai toujours eu du goût pour Velleius Paterculus et je regrette infiniment que les journaux, dans lesquels vous vous faites imprimer, ne parviennent pas ici. Ne pourriez-vous donc pas, maintenant qu'il y a tant de relations entre Rome et Paris — beaucoup trop au gré de Rome! — charger quelque voyageur de m'apporter votre article[2], comme j'ai fait moi-

---

[1]. Kœrner, le père du soldat-poète de ce nom, esprit cultivé et judicieux, l'hôte de Schiller, vers 1786. Leur correspondance (quatre volumes imprimés en 1847) est intéressante au point de vue de l'histoire littéraire et des phases de développement du talent de Schiller. G. de H. avait fait sa connaissance à Iéna.

[2]. « L'article » a été imprimé dans le *Magasin encyclopédique,*

même pour ma poésie? Je suis très désireux de lire de nouveau quelque chose de votre façon.

A l'égard de La Harpe, j'ai peut-être été trop loin. C'est un de mes défauts d'entrer parfois, sans raison, dans de saintes colères.

Mon voyage, très cher, est de nouveau ajourné, et si bien, que son époque devient tout à fait incertaine.

Cordial adieu ; gardez-moi votre précieux souvenir.

Du fond de l'âme.

Votre H.

---

année 1808, t. III, sous le titre : *Remarques sur Velleius Paterculus et traduction d'un passage remarquable de cet auteur*.

Le goût de G. de H. concorde, cette fois, avec celui de La Harpe — et du président Hénault — sur le mérite du remarquable abréviateur.

XXX.

LETTRE DE GUILLAUME DE HUMBOLDT.

Rome, 17 août 1808.

Je suis réellement confus, mon cher Schweighæuser, de ne répondre qu'aujourd'hui à votre bonne lettre du 29 mai, si intéressante sous tant de rapports. La première cause de mon retard a été la pensée qu'une lettre, adressée à Strasbourg, ne vous serait remise qu'à votre retour de la Suisse[1]; or vous savez ce qui advient des lettres ajournées.

J'ai lu, avec un vif intérêt, les nouvelles que vous me donnez des travaux philologiques parisiens; cette lecture m'a fait sentir davantage ce qu'il y a de désagréable dans ma longue incertitude sur le point de savoir si je conserverai ma situation en Italie ou si je devrai y renoncer. Je me ferais certainement envoyer bon nombre des publications qui s'impriment actuellement en Allemagne et en France,

---

[1]. G. Schw. s'était trouvé en Alsace du 19 avril au 29 août 1808. Il fit dans l'intervalle une excursion en Suisse et adressa à l'éditeur Cotta une série de lettres sur ce pays. Elles ont été insérées, soit dans la *Allgemeine Zeitung*, soit dans le *Morgenblatt*, créé en 1807.

si je ne craignais d'avoir à remporter tout cela à bref délai; aussi je diffère. Votre proposition d'annoncer ma *Rome* dans le *Magasin*[1] est aussi aimable de votre part, que flatteuse pour moi; je vous prie cependant avec instance de n'en rien faire, avant d'avoir lu vous-même la poésie de Schlegel. Elle mérite un traitement plus honorable qu'une simple mention et offre, avec la mienne, des contrastes intéressants à faire ressortir. Ma pièce a été composée postérieurement à celle de Schlegel que je connaissais et, comme quelques-unes des assertions de l'auteur me déplaisaient fort, je me suis appliqué, non sans parti pris ni sans une certaine mauvaise humeur, à lui en opposer de radicalement contraires. Ainsi, par exemple, Schlegel se plaint de la profanation des vénérables débris de l'antiquité par les usages modernes; moi, j'approuve ces usages, etc., etc. D'autre part, j'ai laissé subsister dans mes vers quelques réminiscences de Schlegel, entre autres, la comparaison avec les serpents étouffés dans le berceau d'Hercule. A mon avis, Schlegel n'est pas seulement très poétique par sa diction et par sa versification;

---

1. G. Schw. s'était empressé d'annoncer la pièce de son ami dans le numéro de juillet du *Magasin encyclopédique* (t. IV, année 1808). Son analyse et sa critique un peu terre à terre eussent gagné à n'être écrites qu'après la réception de la présente lettre.

il a quelques passages réellement beaux. La dédicace à Mme Staël va de pair avec ce que l'on a fait de mieux dans ce genre; c'est un des morceaux réussis de Schlegel. Mais, comme idées, sa pièce est en somme très faible. Dans quelques endroits, ses rapprochements entre la dignité antique et la vulgarité moderne tournent au trivial; sa transition des bœufs aux humains est désagréable, et son exposition de l'histoire romaine, beaucoup trop longue [1].

Je crois ma poésie plus digne de Rome: elle parle mieux de toute l'antiquité et mon plan est plus régulier. Mais je reconnais qu'elle est moins facile à comprendre et que, bien que l'ensemble de mes idées soit plus poétique, on peut dire de leur expression et de leur forme : *minus surgit*. Vous risqueriez donc, mon cher ami, de priver Schlegel d'éloges mérités et de supprimer dans votre travail la partie la plus attrayante, celle qui vous procurerait le plus de satisfaction, si vous négligiez de lire sa pièce et de la citer fréquemment, en appréciant la mienne. Il me sera très agréable de recevoir un exemplaire de votre article. Le *Magasin* n'arrive pas ici, la Rome moderne est, comme la Rome antique, αὐτάρχης (se suffisant à elle-même), elle repousse l'étranger.

---

1. V. appendice n° 9.

Si je ne suis plus ici, ma femme vous lira avec plaisir. Les frais d'envoi ne sont pas élevés : il faut expédier les imprimés brochés, sans enveloppe, simplement sous bande, en déclarant à la poste que c'est un envoi d'imprimés. Cela ne coûte que quelques sous par feuille.

Je parle de mon départ, mon cher ami; or tout est encore en suspens. Tant que la crise ne sera pas terminée ici, il me sera naturellement impossible de m'éloigner, et maintenant que toute κρίσις a une ἐπικρίσις, on ne peut jamais compter sur le dénouement. J'espère toutefois réussir à trancher le nœud gordien et partir, à tout hasard, vers la fin d'octobre. Il faut que je me dirige directement sur Erfurt et Berlin; je ne puis donc plus espérer vous voir. Aujourd'hui, hélas! on ne fait que les voyages indispensables; l'heureux temps où nous vivions ensemble est passé.

J'habite la campagne, à Albano; je suis en ville en ce moment, à cause du courrier. Mes enfants grandissent beaucoup. Ces jours passés, j'ai achevé de lire l'*Odyssée* avec Caroline, mais ses préférences sont pour la musique; elle a réellement une belle voix et nous la cultivons. Théodore montre peu de goût pour l'alphabet; cela me chagrine parfois, mais il a de grandes dispositions pour le dessin et s'en occupe beaucoup; il ne manque pas, du reste, d'intelligence. Les deux fillettes sont de vraies Romaines, du genre le plus aimable. Si l'on réussit à greffer là-dessus une éducation allemande, la rareté du fait produira un résultat surprenant. Au surplus, je ne verrai clair dans la direction à donner à mes enfants, que lorsque mon sort sera décidé. Pour l'éducation, qui devrait n'être jamais interrompue ni retardée, cet état d'incertitude est particulièrement fâcheux.

Je suis tout à fait charmé que vous ayez vu mon frère. Il s'est élevé à une hauteur exceptionnelle et la destinée lui accorde, en même temps, la faveur de jouir heureusement de son élévation, sans qu'il soit en butte à la jalousie et sans qu'il donne lui-même prise à la Némésis. Je l'aime passionnément et, malgré nous, nous vivons presque plus séparés que lorsqu'il était en Amérique. Toute chose n'a qu'un temps déterminé pour être dans sa fleur; pour nous, à notre âge, la correspondance ne suffit pas! Je m'arrête sur cette phrase; je pourrais m'attirer quelque satire en poursuivant. Donc, cordial adieu, très cher ami; conservez-moi votre bonne et aimable sympathie. Avec une estime et une amitié sincères.

Votre H.

XXXI.

LETTRE DE Mme DE HUMBOLDT.

Rome, 24 mai 1809.

Cette fois, c'est moi, mon cher ami, qui réponds à votre lettre adressée à Humboldt, le 18 mars; elle ne m'est parvenue qu'au milieu d'avril. Humboldt a quitté Rome depuis le 14 octobre dernier. Ses affaires privées, les pertes que la guerre lui a fait subir, la mort de mon seul frère et le grand âge de mon père rendaient indispensable un voyage en Allemagne. Depuis un an, il sollicitait un congé auprès du Roi; aussitôt le congé reçu, il est parti en emmenant Théodore, parce que nous nous retrouvions dans les mêmes embarras au sujet d'un précepteur. Il a dû certainement vous en parler. Sur ces entrefaites, sa situation a bien changé. Le Roi l'a chargé d'organiser une section du ministère de l'intérieur et il l'a fait en des termes qui rendaient un refus impossible. Humboldt est en ce moment à Kœnigsberg.

Théodore se trouve à Berlin dans une famille amie et fréquente une école publique. Son père est très satisfait du caractère et de l'application de notre brave garçon; moi je me console de son absence, en pensant qu'à son âge et pour son véritable bien, il est mieux là-bas qu'ici.

J'ai passé un assez triste hiver; j'ai été singulièrement éprouvée par ma dernière grossesse, mais depuis mon accouchement, je retrouve ma santé et ma bonne constitution. C'est le 23 avril que j'ai donné le jour à un gros et vigoureux garçon [1]. Pourvu que le destin se montre bienveillant et clément à mon égard et me laisse cet enfant, qui remplace Guillaume et Gustave que je ne puis oublier.

Je pense quitter Rome cet automne ou, au plus tard, le printemps prochain. Ah! ce ne sera pas sans un profond chagrin. Il faut avoir vécu sept ans ici, pour comprendre combien on s'attache à cette contrée. Mais je ne saurais vivre loin de Humboldt et de Théodore et j'abandonnerai le pays enchanteur. J'avais toujours espéré, mon cher, que vous feriez un jour le voyage d'Italie, avec la famille auprès de laquelle vous êtes et que nous pourrions ainsi nous revoir. Ma Caroline est devenue une aimable jeune fille; son caractère, comme sa physionomie, sont empreints de calme et de simplicité. J'ai, de plus, mes deux fillettes, Adélaïde et Gabrielle, de douces petites

---

1. Hermann, le dernier fils de G. de Humboldt.

créatures qui promettent beaucoup; enfin vient mon dernier-né.

Gustave et Guillaume resteront ici; leurs tombes solitaires sont au pied de la pyramide de Cestius; Louise[1] repose au loin, dans une terre étrangère, qui nous sera peut-être toujours ennemie. Bien souvent, j'ai regretté de n'avoir pas emmené avec moi les restes de cette tendre et charmante enfant.

Je me sens encore faible; c'est pourquoi je ne vous en dis pas davantage aujourd'hui, mon cher ami. Si vous écrivez à Humboldt, écrivez-lui à Berlin; il y sera bientôt. Portez-vous bien ; recevez l'assurance de l'affectueux et bon souvenir de votre

Caroline de Dacheröden.

1. Louise, morte en bas âge, née et enterrée à Paris.

XXXII.

LETTRE DE GUILLAUME DE HUMBOLDT.

Berlin, 16 juillet 1810.

Très cher ami, tandis que vous désiriez recevoir des renseignements sur ma situation et sur ma sphère d'action, on m'appelait à un poste nouveau et mes préparatifs pour m'y installer m'absorbent à tel point, que je ne pourrai vous écrire que très brièvement aujourd'hui. Mais je pense qu'un simple signe de vie vaudra mieux que le silence. L'existence que j'ai menée et la multitude des affaires qui m'ont véritablement accablé, mon cher ami, sont les seules et uniques raisons qui m'aient empêché de vous écrire. Mes sentiments à votre égard ne sauraient varier; vous avez gardé votre place dans mon souvenir, pendant cet intervalle de temps, comme toujours.

La position que je quitte était celle de conseiller d'État privé, chef des sections du culte, de l'instruction publique et de la médecine. Vous voyez que le domaine était assez étendu pour que j'aie pu être surchargé; mais il m'ouvrait, en même temps, un champ d'activité où j'ai obtenu des résultats immédiats et d'autres qui seront prochains. J'ai fait tout ce qui m'était possible et je me crois en droit de dire que l'instruction publique a reçu, dans ce pays, une impulsion nouvelle. Bien que je n'aie rempli ces fonctions que pendant un an à peine, mon administration laissera beaucoup de traces. Ce qui, plus que tout le reste, est mon œuvre personnelle, c'est la fondation d'une nouvelle université à Berlin. Quelle que soit la façon dont bien des gens ont parlé de cette mesure, il est incontestable que pour répondre efficacement à un besoin pressant de notre pays et, dans une certaine mesure, de toute l'Allemagne, il n'y avait pas d'autre parti à prendre. Tout marche d'ailleurs à merveille pour cette création : déjà beaucoup de savants connus ont répondu à l'appel et, quant à la formation des collections, le succès a été plus grand qu'on ne devait l'espérer dans les circonstances présentes [1].

Actuellement, je suis nommé Ministre d'État et Envoyé à Vienne ; j'ai cessé d'exercer mes fonctions précédentes, il y a quelques semaines. Ma nouvelle destination me plaît ; en général, j'ai toujours eu du

---

1. Le 28 mai 1883, le gouvernement prussien s'est décidé à inaugurer une statue en marbre de G. de Humboldt, en face du palais de l'Université. Le 1er volume de l'*Internationale Zeitschrift für allgemeine Sprachwissenschaft* (Leipzig, 1884) donne une bonne gravure de ce monument.

goût pour la carrière diplomatique et, au point de vue de mon genre d'études, la résidence de Vienne est préférable à celle de Berlin. Sans doute, je n'abandonne pas sans regret les établissements que j'ai créés ou restaurés; mais le conseiller d'État Nicolovius[1] prend la Direction à la tête de laquelle je me trouvais, à l'exception de la médecine que s'est réservée le ministre comte Dohna[2]; il saura la diriger avec capacité et fermeté. Il a fait avec Stolberg le voyage d'Italie, il est le gendre de Schlosser[3] et est versé dans plus d'une branche des sciences.

Je ne puis rien vous dire maintenant de mes tra-

---

1. Nicolovius (Georges-Henri-Louis), homme d'État, né le 13 janvier 1767, mort le 2 novembre 1839. Originaire de Kœnigsberg, Nicolovius, ami de Hamann et de Jacobi, avait dirigé en sous-ordre les cultes, tandis que G. de H. s'occupait plus spécialement de l'instruction.

2. Dohna-Schlobitten (Fréd.-Ferdinand-Alexandre, comte de), 1771-1831, entra dans l'administration vers 1790 et remplaça le ministre Stein, en 1808, après que Napoléon eut exigé le renvoi de cet homme d'État. Il a quitté le ministère vers la fin de 1810 et est rentré plus tard aux affaires comme président de la Prusse orientale.

3. Schlosser (Fréd.), historien remarquable, 1776-1861, a publié une *Histoire universelle du peuple allemand* en 19 volumes gr. in-8°, une *Histoire du XVIII° siècle*, traduite en français par de Suckau, et une *Histoire universelle de l'antiquité*, dont Golbéry a traduit les trois premiers volumes. — Schlosser était un ami et un correspondant de G. Schw.; M. Mehl possède plusieurs lettres inédites de cet écrivain.

vaux littéraires; la vie que j'ai menée ne me laissait absolument aucun loisir. En ira-t-il mieux à l'avenir? Je ne sais, mais je l'espère fermement.

Quant à votre activité, elle me fait grand plaisir, mon cher ami; je suis impatient de voir vos *Indiques*[1].

Je quitte Berlin le 4 août, et je serai positivement à Vienne le 1er septembre. D'ici là, je n'aurai pas d'adresse fixe; mais à partir de cette date, vos lettres me trouveront moins occupé à Vienne. Ma femme m'y rejoindra, venant directement d'Italie.

Cordialement adieu; gardez-moi votre amitié.

De tout cœur....

Votre H.

---

1. Sur le conseil de son vieil ami, le baron de Sainte-Croix, G. Schw. avait entrepris la traduction, avec introduction et commentaires, des *Indiques* de l'historien grec Flavius Arrianus, le meilleur résumé de ce que les anciens nous ont laissé sur l'Inde. D'après une lettre inédite de Thurot (François), helléniste et philosophe, à G. Schw. et la correspondance de Vanderbourg, les *Indiques* étaient prêtes à être imprimées, à la fin de juillet 1811. Cette traduction a été mentionnée par Barbié du Bocage dans les recherches géographiques qu'il a ajoutées à la deuxième édition de l'*Examen des historiens d'Alexandre le Grand* de Sainte-Croix. Barbié devait joindre des cartes et une dissertation au travail de Schw. La faillite du libraire Schœll, provoquée par la chute de l'Empire, empêcha la publication de l'ouvrage et le manuscrit ne s'est pas retrouvé.

XXXIII.

LETTRE DE GUILLAUME DE HUMBOLDT [1].

Vienne, 26 février 1812.

Depuis que je suis ici, très cher ami, je n'ai pas reçu de lettre de vous. Je n'aurais certainement pas laissé passer un an sans vous écrire, si j'avais eu à vous répondre. La sincère inclination et l'amitié que vous avez su nous inspirer, à ma femme et à moi, dans le temps où nous vivions ensemble, par votre affectueux attachement pour nous, ne sauraient jamais s'affaiblir; vos lettres nous causent toujours une véritable satisfaction.

Avant tout, je suis heureux d'apprendre que vous vous êtes toujours bien trouvé dans votre position et que vous pensez approcher bientôt du but de vos désirs. Moi aussi, je me trouve très bien ici. Assurément, nous regrettons vivement l'Italie; Vienne est

---

[1]. Cette lettre est adressée à « Anvers au Pais-Bas ». — G. Schw. avait suivi dans cette ville, en qualité de secrétaire, le père de son élève, M. Voyer d'Argenson. Nommé préfet des Deux-Nèthes, M. d'Argenson donna sa démission, l'année suivante, afin de ne pas s'associer à des mesures, conséquences du blocus continental, qu'il estimait arbitraires.

cependant, à bien des égards, une des plus agréables résidences de l'Allemagne; on y éprouve surtout le plaisir de se sentir aux portes de l'Italie. Je regarde mon poste actuel comme le dernier terme de ma carrière active et, pour le moment du moins, je n'ai d'autre projet que celui de m'installer en Italie, à l'époque de ma retraite. En attendant, je serai satisfait d'habiter l'Allemagne quelques années, en vue de l'éducation de mes enfants.

Ce n'est qu'en passant, à un âge où l'on apprécie trop peu le prix des souvenirs que vous rafraîchissez, que j'ai parcouru la contrée de Spa et de Liège; il m'en est resté, néanmoins, la vive impression d'un très joli pays. L'intérieur de la France compte beaucoup de sites de ce genre : sans être grandioses, ils plaisent par la grâce ou l'originalité.

J'ai lu avec un intérêt tout particulier ce que vous me mandez de votre publication sur l'Inde[1]. Les contradictions qui se rencontrent chez des auteurs estimables, au sujet de la littérature et de la civilisation indiennes, sont si étranges, que rien, à mon sens, n'est plus nécessaire que de procéder à un examen scrupuleux, calme, impartial, afin d'établir ce qui est historiquement vrai ou faux. L'entreprise me

---

1. V. la note 1 de la lettre précédente, p. 174.

semble des plus ardues. Pour ma part, je ne puis nier que la philosophie indienne ne me donne toujours comme un frisson sacré[1]. Il me semble y trouver une mystique dont les ténèbres se dissiperont difficilement à mes yeux et, de plus, les philosophes religieux qui ont tenté de l'interpréter, me paraissent n'y avoir cherché que ce qu'ils entendaient y trouver. De toute façon, il m'est impossible de m'associer à l'éloge sans réserve de ceux qui prétendent y découvrir la vraie lumière, bien supérieure à la sagesse grecque de tous les âges.

Si la troisième partie du *Mithridate* d'Adelung[2], continué par Vater, vous tombe sous la main — elle paraîtra cette année, à la foire de Pâques — vous y verrez un article de moi sur le *Basque*. Ce ne sont guère que des fragments, mais ils suffisent

---

1 L'étude du sanscrit, dont l'importance avait été mise en lumière, dès 1808, par F. Schlegel, finit par calmer le « frisson sacré » de G. de H. Il s'intéressa d'abord à la langue sacrée de l'Inde, parce qu'elle était le chaînon reliant les langues asiatiques et européennes à celles de la Polynésie et de l'Amérique. Son inactivité politique le réconcilia plus tard avec la mystique des grandes épopées indiennes, comme le prouvent ses communications à l'Académie de Berlin, en 1825 et 1826, sur ces poèmes philosophiques.

2. Adelung, savant linguiste, bibliothécaire de l'électeur de Saxe (1734-1806), est surtout connu à l'étranger par son *Mithridate* ou *Tableau universel des langues*, dont il ne publia que le premier volume (Berlin, 1806). La suite, formant les tomes 2 à 4, a été donnée par les soins de l'orientaliste J. Sev. Vater, professeur à Halle.

pour le moment à ceux qui s'occupent de linguistique : l'essentiel de la grammaire et un vocabulaire de six à sept cents mots au moins, avec des indications permettant de se guider, moyennant quelques règles, dans le labyrinthe que présente à première vue tout vocabulaire. Un autre Mémoire — inséré dans un journal qui paraîtra, vers Pâques, à Kœnigsberg — contient, parmi divers textes basques, un très ancien et curieux fragment. J'y annonce aussi un autre écrit où je développerai quelques idées générales sur les langues. J'ai maintenant assez de loisirs et je ne m'occuperai désormais d'aucun autre genre d'études; cela me donne l'espoir d'aboutir à un résultat.

En ce moment, je travaille à une dissertation sur les langues américaines, destinée à l'ouvrage de mon frère. Le sujet est des plus intéressants, parce qu'il est bien limité et peut réellement fournir l'occasion de trouver quelque chose de nouveau. J'ai d'excellents matériaux sous la main : les uns rassemblés en Amérique par mon frère, les autres trouvés à Rome par moi; je m'en occupe assidûment depuis quelques mois. J'arrive à la fin d'un dictionnaire mexicain que j'ai lu, mot par mot, et dont j'ai fait un abrégé; comme ce dictionnaire, imprimé en Amérique, a près de deux cents pages in-folio¹, pour la seule partie mexicaine-espagnole, la tâche a été longue et pénible. Je me borne, pour commencer, à l'étude des langues nord-américaines, — au nord de Panama.

Ainsi se passe la vie, mon cher ami, tout ce que l'on fait se résume à cela! Laissez-la aussi couler calme et sereine pour vous.

Recevez les compliments affectueux de ma femme et des miens; portez-vous très bien; de tout cœur.

Votre H.

---

1. Sans doute le *Vocabolario en lengua castellana y mexicana*, por Alonso de Molina. In-folio imprimé à Mexico en 1571.

XXIV.

LETTRE DE GUILLAUME DE HUMBOLDT [1].

Francfort, 18 janvier 1816.

Pardonnez-moi, cher ami, et n'attribuez qu'aux très courts loisirs réservés à ma correspondance le retard que je mets à ne répondre qu'aujourd'hui à votre lettre du 2 du mois dernier. Elle m'est parvenue en son temps, par l'intermédiaire de M. Renfues. Vos lettres précédentes n'avaient pas besoin d'être excusées, surtout auprès de moi. J'avais bien remarqué l'exaltation dont vous parlez; mais comme il m'était impossible de m'en occuper sérieusement,

---

1. Cette lettre est adressée au *professeur G. Schw., fils, à Strasbourg*. — Lors de la réorganisation des Facultés, en 1810, G. Schw. avait en effet été nommé *professeur adjoint* de littérature grecque, grâce à l'appui de Suard, en même temps que son père, Jean Schw., était nommé doyen de la Faculté des lettres et titulaire de la chaire. G. Schw. entra en fonctions en 1813, après la démission de M. Voyer d'Argenson, préfet d'Anvers; il était à Strasbourg, pendant le blocus, de janvier à avril 1814. En mai 1814, G. de H., adjoint à Hardenberg pour les négociations du traité de paix du 30 mai, avait eu occasion de revoir G. Schw. à Paris (*Billet inédit de G. de H. du 31 mai* 1814).

G. de H. était membre de la commission de la diète de Francfort, chargée des règlements territoriaux nécessités par l'acte final du Congrès de Vienne.

j'ai cru devoir laisser ces lettres sans réponse. J'estime avec vous que, dans une disposition semblable, l'esprit peut s'abandonner à des pensées qu'il tient pour des faiblesses évidentes, lorsque l'exaltation est tombée, pensées qui ne lui seraient peut-être pas venues sans cela.

Le champ d'explorations dont vous vous occupiez naguère[1] n'est pas favorable aux véritables recherches historiques. A tous égards et alors même qu'il devrait vous en coûter, je vous conseille de vous attacher, pendant une couple d'années, à une période de l'histoire ancienne entièrement différente. Vous songiez, si je me reporte à mes souvenirs de Rome, à une Histoire de Démosthènes, et nous manquons en effet d'une bonne vie de Démosthènes et de Philippe. En revenant plus tard à vos études antérieures, vous le feriez avec un double plaisir, aiguisé par la privation, et avec un esprit mieux préparé à atteindre des résultats certains.

Le projet de visiter Strasbourg, à mon retour de Paris[2], me séduit extrêmement; j'aviserai à le réaliser, si cela est possible.

---

1. Allusion aux travaux de G. Schw. sur les *Origines*, dont il est parlé dans les lettres des 8 juin et 5 octobre 1805.

2. Les affaires retinrent G. de H. à Francfort jusqu'en janvier 1817. Il ne revint à Paris qu'en octobre de cette année, en route

Ma femme est à Berlin[1] avec ses filles et notre dernier fils (Hermann). Théodore se trouve vraisemblablement en garnison dans une petite ville de Lusace. Ce n'est pas Caroline qui est mariée, mais Adélaïde, sa sœur puînée. Ma femme et mes enfants seront très reconnaissants de votre bon souvenir. Avec un attachement et une amitié invariables.

Votre Humboldt.

pour Londres où son gouvernement l'envoyait comme ambassadeur, afin de se débarrasser d'un opposant libéral au sein du Conseil d'État. Sa mission diplomatique a pris fin dès 1818.

1. Après avoir séjourné en Suisse pendant la période finale de la guerre, Mme de H. avait rejoint une première fois son mari à Francfort ; elle devait y revenir dans le courant de l'année. (Lettre de Rahel à Custine, 16 janvier 1817.)

XXXV.

LETTRE DE GUILLAUME DE HUMBOLDT.

Berlin, 27 octobre 1823.

Si votre affectueuse lettre du 5 août, très cher ami, nous a fait, à ma femme et à moi, un sincère et vif plaisir, nous avons regretté de n'avoir pas vu M. le professeur Bruch[1] et de n'avoir pu lui demander des nouvelles détaillées sur votre compte. Nous sommes restés à la campagne jusqu'au commencement d'octobre; quand je suis rentré en ville, je me suis mis à sa recherche, mais il était malheureusement parti. Ayez la bonté de lui présenter mes regrets et mes excuses; j'ai été vraiment contrarié.

---

1. Bruch (Jean-Frédéric) était né à Pirmasens (Bavière rhénane) en 1792; ce pays ayant été cédé à la France par le traité de Campo-Formio (1797), il put revendiquer la qualité de Français. En 1823, Bruch était, depuis un an, professeur de morale évangélique à la Faculté de théologie protestante de Strasbourg; il devint plus tard doyen, en cumulant cette fonction avec celle de pasteur. Après la guerre de 1870, Bruch n'eut pas trop à violenter son patriotisme pour redevenir Allemand, et, en 1872, l'empereur Guillaume le nomma recteur de l'Université allemande, fondée en Alsace. Il est mort le 21 juillet 1874.

Ce que vous me dites de votre mariage[1], de votre heureuse et paisible existence, nous a particulièrement réjouis. Qu'il eût été bon de vous voir arriver ici ! Mais les gens du Nord doivent en prendre leur parti : on se dirige plus volontiers vers le Sud et je trouverai très naturel que vous profitiez de la première occasion pour aller en Espagne ou en Italie.

Votre aimable allusion au temps où nous nous trouvions réunis nous a profondément touchés. Nous aussi, nous pensons fréquemment à ce passé, en le comparant à notre vie actuelle : nous menions alors une vie de nomades; elle nous plaisait beaucoup et, souvent encore, nous en apprécions le profit. Quant à songer de sitôt à un grand voyage, c'est une grosse question ! Lorsque la famille, l'âge, le soin des propriétés, mille autres circonstances moindres, nous ont une fois enracinés dans le sol, il devient difficile de s'en arracher. Toutefois, nous ne désespérons pas de revoir la France ou l'Italie[2], les deux peut-être.

Vous désirez recevoir des nouvelles des miens;

---

[1]. G. Schw. avait épousé, en février 1816, Mlle Lauth, Sophie, fille d'un professeur renommé de la Faculté de médecine de Strasbourg.

[2]. G. de H. n'a pas revu l'Italie. Il a passé quelques semaines à Paris, dans les premiers mois de 1828, en conduisant à Londres sa fille Gabrielle, femme de l'envoyé de Prusse en Angleterre, H. de Bulow.

c'est avec un sentiment de joie reconnaissante que je vous les donne, très cher ami. A part quelques indispositions, ma santé a été généralement très bonne; mais ma femme a été souvent et sérieusement malade. Elle souffre encore de temps à autre; l'usage des eaux de la Bohême la soulage chaque année. Elle leur doit, en ce moment, un automne très supportable et peut espérer un hiver pareil. Caroline, restée fille, vit auprès de nous; ses deux sœurs, Adélaïde, née à Paris, à notre retour d'Espagne, et Gabrielle, la plus jeune, sont mariées. Leurs maris sont de braves gens et des hommes distingués. Adélaïde, habite la Silésie avec son mari, le colonel Hedemann [1], qui commande un régiment de hussards; nous la voyons fréquemment, parce que nous avons des propriétés de ce côté. Gabrielle réside à Berlin, où son mari, le conseiller privé de légation Bulow [2], occupe un emploi. Théodore, dont vous devez vous souvenir, a été au service; comme il avait peu de goût pour cette carrière, il a donné sa démission. Il a épousé une aimable personne et vit à Breslau. Hermann,

---

1. Plus tard général.
2. Henri de Bulow avait accompagné G. de H. à Londres, en 1817, en qualité de secrétaire de légation. En 1828, il retourna en Angleterre comme ambassadeur et devint ministre des affaires étrangères en 1842. Démissionnaire en 1844, il est mort à Berlin, le 6 février 1846.

notre dernier fils, né à Rome, est sous notre toit et me donne de très bonnes espérances.

Théodore a un fils et Gabrielle deux filles. Vous connaissez maintenant la famille entière. Tous mes enfants sont en très bonne santé et heureux ; la pauvre Caroline, longtemps souffreteuse, a été complètement remise par les bains d'Ischia.

Vous me rappelez, cher ami, une dette que j'avais oubliée depuis longtemps et qui ne méritait pas une mention de votre part. Si elle vous charge la conscience, nous sommes tout disposés à entrer dans votre idée et à consacrer cette petite somme à une bonne œuvre. J'ai déjà l'Iconographie de Visconti ; mais vous parlez aussi de M. Helmsdorff[1]. Ma femme le connaît très bien et le pauvre homme se trouve, nous le savons, trop souvent dans l'embarras. Voulez-vous nous rendre le service de lui remettre, au nom de ma femme, la somme dont vous me parlez et lui dire qu'elle le prie de l'accepter et d'en faire tel usage qu'il voudra ; le surplus se retrouvera, quand elle

---

1. Helmsdorff, peintre paysagiste originaire de Magdebourg, avait habité Rome à la même époque que les Humboldt, qui l'y avaient connu pauvre et miné par la *malaria* ; il résida plus tard à Strasbourg, dans des conditions toujours besogneuses. Il a laissé, entre autres peintures appréciées, de jolis paysages d'Alsace à l'aquarelle. Une partie de ces paysages est en la possession d'un amateur habitant Versailles.

aura l'occasion de le revoir. Il n'en sera ainsi que si vous tenez absolument à me rembourser. C'est avec intention que ma femme ne vous avait jamais écrit à ce sujet; nous voulions vous laisser toute liberté d'agir, à votre heure et à votre guise.

Si, de plus, vous pouviez réussir à faire enfin terminer par Helmsdorff le paysage destiné à ma femme, vous nous rendriez vraiment service.

Je vous remercie sincèrement de l'envoi de votre Mémoire sur les antiquités strasbourgeoises[1]. Recommandez-moi, je vous prie, à M. votre père et dites-lui que je me sers souvent avec grand profit de ses ouvrages.

Ma femme et Caroline me chargent de leurs compliments les plus affectueux.

Cordial adieu; gardez-nous votre amical et bon souvenir. Avec la plus sincère amitié.

Votre Humboldt.

---

[1]. Il s'agit de la *Notice sur les recherches relatives aux antiquités du département du Bas-Rhin,* insérée dans l'*Annuaire du Bas-Rhin* de l'an 1822, dont il a été fait un tirage à part in-12, 68 pages.

APPENDICE

APPENDICE

N° 1.

LETTRE DU MARQUIS DE CUSTINE A RAHEL LEVIN
(Mme DE VARNHAGEN).

(Extrait.)

Francfort, ce lundi 9 sept. 1816.

« Vous voulez un jugement sur votre amie ; c'est bien difficile. Elle est encore pour moi comme un cercle dont je n'ai pas trouvé le centre : je ne sais sur quoi repose sa vie, j'ignore la cause et la source de ce que je vois en elle ; elle me fait encore l'effet d'un fleuve, sorti de son lit, on ne sait d'où il vient, ni où il va. Avez-vous vu quelquefois, dans des cabinets de physique, certaines peintures sur les murailles ? On ne peut deviner le sens de ce qu'on voit ; rien ne s'accorde ensemble, on cherche vainement à quoi tient ceci, à quoi tient cela, tout est morcelé, déchiqueté, tout paraît sans but comme sans cause ; enfin on ne voit qu'un désordre désespérant, qu'un manque d'harmonie inexplicable, jusqu'à ce qu'on ait trouvé le point magique d'où toutes ces parties incohérentes se rapprochent, se réunissent, s'ordonnent, pour former un tout naturel et régulier.

« Eh bien! Mme de Humboldt est encore pour moi une vraie illusion d'optique, et je cherche toujours son point de vue, pour la voir comme elle doit l'être. Je n'ai pas encore trouvé la perspective de sa vie. C'est que je crois que le secret n'en est plus en elle, le moule de son bonheur me semble brisé.

« Il y a dans son être quelque chose de contradictoire, comme si elle vivait encore pour un bien qu'elle n'a plus, qu'elle n'espère plus. Il vient une époque, dans la vie de chaque homme, où il faut qu'il se foule aux pieds lui et tout ce qu'il a aimé, afin de rebâtir une nouvelle vie des débris de l'ancienne. Eh bien! elle est encore dans la crise, et ne me paraît pas assez d'accord avec elle-même pour en sortir. Son corps, son âme, sa grâce, sa difformité, tout en elle a une vie, a une source à part, et tout cela ne peut s'accorder et concourir à l'harmonie générale qu'en s'élevant dans une sphère nouvelle. Je crois bien qu'elle y arrive par élans, mais elle y porte des idées et des sentiments qui n'y appartiennent pas. Au reste, rien de plus gracieux que ses manières, de plus doux que l'habitude de la voir. Elle a du charme, mais il me paraît qu'elle y pense trop; avec moi elle est toujours parfaitement bonne, mais cependant toujours sur ses gardes, et la prudence envers moi me paraît une contradiction, car je puis être froid et réservé avec les personnes qui n'ont pas d'attrait pour moi, mais prudent, je ne le suis jamais; je suis bien trop indifférent pour le monde et la vie extérieure, pour être prudent. Ainsi je crois qu'on ne me comprend pas, du moment qu'on est prudent envers moi. Néanmoins, je la trouve séduisante et spirituelle ; elle a quelque chose d'extraordinairement fin et doux dans le regard, de satirique dans la bouche, de bon dans le front ; de triste, de fatigué, de souffrant dans l'ensemble de la physionomie, d'agréable dans le son de la voix, de distingué dans le langage et dans le tour des idées, de digne, de mesuré, je dirais presque d'un peu trop recherché dans les manières ; et pour achever, tout ce que je viens d'en dire n'est pas elle, ce n'est qu'un acompte sur mon jugement. »

Dans sa réponse du 10 septembre suivant, Rachel écrit : « J'ai reçu votre lettre hier soir. Vous avez compris, saisi et décrit Mme de Humboldt d'une manière parfaite [1]. »

Comme le trait distinctif du caractère de Rachel était, suivant le témoignage de tous ses amis, notamment de G. de Humboldt, d'être essentiellement *vraie,* son appréciation a de la valeur, malgré son laconisme.

---

1. V. *Lettres du marquis de Custine,* publiées par Ludmilla Assing, un vol. in-16, Bruxelles, H. Merzbach, 1870.

N° 2.

RAPPEL AU SERVICE DE G. SCHWEIGHÆUSER.

G. Schw. fut rappelé sous les drapeaux dans les conditions suivantes :

En 1792, à l'âge de 16 ans, il s'était enrôlé comme volontaire. Après cinq ans passés à l'armée, il avait obtenu son congé, motivé par sa santé débile ; il croyait donc avoir payé sa dette. Persuadé d'ailleurs qu'il était en situation de bénéficier d'une des exemptions prévues par la loi de 1797, qui venait d'instituer la conscription, Schw. ne s'était pas préoccupé du tirage au sort de 1798 et avait négligé de revenir de Paris à Strasbourg, afin de faire valoir ses droits en personne.

L'autorité municipale, hésitante dans l'application d'une loi nouvelle, avait refusé de tirer au sort pour l'*absent*; en sorte qu'en 1799, à l'appel de sa classe, le précepteur se trouvait réfractaire de fait, sinon de volonté. Il tenta de régulariser sa fausse position et d'échapper à l'étreinte légale ; ses démarches échouèrent et il fallut quitter Paris, renoncer au voyage d'Espagne que Humboldt allait entreprendre, et s'enfermer dans les bureaux d'un ami de la famille Schweighæuser, commissaire des vivres à l'armée du Rhin, le citoyen

Mathieu, devenu sous l'Empire intendant général et baron Mathieu de Faviers.

G. Schweighæuser fut définitivement libéré du service en mai 1800, pour cause de santé.

N° 3.

BILLET AUTOGRAPHE DE Mme DE STAEL A MONSIEUR DE (sic) SCHWEIGHAUSER CHEZ M. DE VOYER, RUE DU MARCHÉ-D'AGUESSEAU, FAUBOURG SAINT-HONORÉ, A PARIS [1].

Genève, ce 25 décembre (1802?).

Je suis bien convaincue qu'en nous connaissant plus nous nous conviendrions davantage mais je vous avouerai, Monsieur, que je crains de déplaire à M. et Mme de Voyer.

Lorsque je vous ai écrit vous étiez libre, il n'en est pas de même aujourd'hui, et ma conduite vis-à-vis d'anciens amis exige de grands ménagements ; je crois donc qu'il serait plus raisonnable d'attendre mon arrivée à Paris, nous causerions ensemble et nous verrions s'il est possible de tout concilier.

J'espère que vous m'avez écrit quelques détails sur l'effet de mon roman[2] à Paris ; je tiens beaucoup à connaître et votre impression et celle que vous aurez remarquée.

Agréez l'assurance, Monsieur, des sentiments que je vous ai voués.

Je reste encore un mois ici.

---

[1] L'adresse n'est pas de la main de Mme de Staël.
[2] Le roman paru en 1802 est *Delphine*.

N° 4.

LETTRES DE METZGER A G. SCHWEIGHÆUSER[1].

Paris, le 24 thermidor an VII.
(11 août 1799.)

Mon bien cher Schweighæuser,

. . . .
Passons a des objets qui vous interessent plus directement. Vous maves temoigné de l'amitié en me confiant votre situation, vos vues, vos esperances. Vous demandez mon avis, je vous répondrai sans retenue — j'imposerai silence a mon cœur pour ne vous parler que raison. C'est votre langue mes chers Philosophen. Vous etes un scavant. Vous resterés dans cette carrière, vous la parcourrez avec distinction. Votre but sera une chaire, une place à l'Institut, il se trouve une chaire vacante, elle est à la nomination du Ministre de la justice, le citoien Hermann, auquel, mon bon ami, vous écrirés deux lignes, que je lui remettrai de grand cœur, ce bon collegue s'est offert hier de demander a Cambacéres la place que vous brigués, adressez-moi deux mots de petition, je dirai tant de mal de vous dans l'a-

---

[1] Le texte des deux lettres est donné sans retouches.

postille que lon sera trop aise de se débarasser d'un si mauvais sujet. Ainsi vous voila Professeur. — Vous voudriez voyager ! mais, mon ami, en Allemagne? ne somes, ne serons-nous pas en guerre avec tout ce qui respire? Aller en Espagne. Que ne suis-je plus un scavant, je vous sacrificrais, j'intriguerais pour obtenir votre place, je vois tout le monde heureux des qu'il approche la respectable famille de Humbold. Vous y êtes bien chéri. Ce serait un trait d'Esprit que de vous y desservir! On n'y reussiroit pas. Je n'ai pas cru mon cher devoir parler de vos vues à Monsieur de Humbold, puisque je crains que vous ne vous eloigniez de votre but. S'il s'agissait de chercher le chemin qui conduit au Paradis je vous dirai, cherchez à voyager avec cette famille, le Paradis est la ou elle se trouve. Mais mon ami il faut d'abord sejourner au Purgatoire et je trouve beaucoup d'analogie entre l'État d'un Professeur et celui d'un habitant de la demeure de St-Patrik. — Je reprends mon cher tout mon serieux, pour vous observer, qu'il vous sera infiniment plus facile d'obtenir un passeport lorsque vous aures une chaire — que le voyage en Espagne vous eloigne de votre carriere, que vous mettres l'absence de la famille de Humbold à profit — et que rien ne sera plus facile à leur retour que de vous placer soit pour toujours soit pour quelque temps en Allemagne.

. . . .

Votre tout devoué ami,
METZGER.

P. S. — Le 25, j'étois passé la soirée chez Madame

de Humbold, elle se plaint de votre silence — point de réponse a deux de ses lettres et malgré vos torts elle vous ecrira encore demain. — Enfant gaté que vous êtes.

Paris, 4 fructidor an VII.
(21 août 1799.)

Mon cher,

. . . .
. . . .
. . . . La famille de Humbold n'est pas encore parti, je la retiens aussi longtemps que je puis car je crains pour la sureté des routes entre Bordeaux et Bayonne et je serais inconsolable si elle était exposée a un accident quelconque.

On vous aime et estime bien cordialement, si vous tenes parole en envoiant des plumes bien taillées je vous promets d'écrire bien souvent en Espagne et de ne vous jamais oublier quoique ce ne soit pas mon avantage.

On me témoigne beaucoup d'amitiés, je pense que vous en êtes la cause, car rien en moi peut me procurer des motifs pour y aspirer.

Madame de Humbold vous ecrira quelle ma choisi

pour être le depot de sa correspondance, vous m'addresseres donc ce que vous aves pour elle.

Si vous m'oublies je mets vos lettres sous enveloppe et parlerai moi-même.

. . . .

Tout à vous,
Metzger.

N° 5.

MONTSERRAT EN ESPAGNE.

(*Extrait.*)

Tegel, 4-9 novembre 1833.

« Il y a en Espagne une montagne parsemée d'ermitages; c'est le Montserrat près Barcelone. Je l'ai visitée, lors de mon voyage en Espagne, et il doit exister, imprimée quelque part, une description détaillée que j'en ai faite.

« Les ermites ne sont pas tous prêtres; beaucoup d'entre eux sont de simples cénobites, qui ont vécu dans le monde jusqu'à un âge assez avancé et qui ont occupé parfois de hautes situations. Le site est d'une beauté merveilleuse : la montagne couverte d'arbres et de broussailles s'élève, semblable à une île isolée, au milieu de la plaine; d'innombrables sentiers se croisent en tous sens à travers ses gorges et ses escarpements. Comme trait particulier du paysage, se dressent de toutes parts, ainsi qu'une forêt d'arbres gigantesques, des rochers de 70 à 80 pieds de haut. Aucun d'eux ne ressemble à l'autre et ils affectent toutes les formes les plus étranges. De l'extrême sommet, la vue embrasse la contrée environnante et s'étend jusqu'à la Méditerranée.

« On trouve là douze ermitages : les uns complètement isolés, les autres très rapprochés. La faculté de voisiner a été entravée par mille procédés presque puérils. Ainsi, lors de ma visite, deux solitaires habitaient une même grotte, formée par la crevasse d'un rocher tombant à pic ; une cloison naturelle de la grotte séparait absolument les deux cellules. Aucune porte de communication n'avait été ouverte, — ce qui eût été facile — et ces vieillards, qui vivaient côte à côte, avaient à descendre, puis à gravir plus de cent marches, quand ils voulaient se voir.

« Beaucoup d'autres pratiques et dévotions des cénobites étaient aussi bizarres et aussi maussades. Et cependant le sentiment qui les portait, sur la fin d'une existence active, à vivre d'une vie solitaire et désabusée en face de la nature de Dieu, dans un site admirable, avait certainement sa source dans les profondeurs de l'âme. Peut-être ces hommes ne se rendaient-ils pas un compte exact des motifs de leur détermination ; mais leur genre de vie et leur montagne, avec ses ermitages, constituaient une manifestation sensible de tendances inconscientes de l'esprit humain.

« En laissant de côté son caractère religieux, on n'en était pas moins agréablement surpris de rencontrer, sur sa route, cette image symbolique des aspirations idéales[1]. »

---

1. *Briefe an eine Freundin* — Lettres à une amie. — 2º partie. Lettre 49º.

N° 6.

Mme DE STAËL APPRÉCIÉE PAR G. DE HUMBOLDT.

Voici ce que G. de H. dit de Mme de Staël, trente ans plus tard, dans une lettre intime :

« Ne croyez pas cependant que je méconnais la valeur de Mme de Staël. Dans ma plus profonde conviction, c'était une femme réellement grande, non seulement par l'esprit, mais par la sincérité et la profondeur du sentiment, par une bonté constante et inépuisable, par le cœur comme par le caractère. Elle avait le sens le plus délicat des plus nobles côtés de la nature féminine. Dans le fonds intime de son être, elle était étrangère au caractère proprement français; il lui arrivait néanmoins de mêler parfois des vues françaises aux idées qu'elle exprimait. Il n'y a là rien de surprenant, puisqu'elle a toujours vécu en France. Ce n'est même qu'assez tard qu'elle a appris l'allemand; moi-même, étant à Paris, je le lui ai enseigné[1]. »

---

1. *Lettres à une amie.* 2ᵉ partie. Lettre du 2 août 1832.

N° 7.

EXTRAIT D'UNE LETTRE DE JEAN SCHWEIGHÆUSER
A SON FILS GEOFFROI.

Strasbourg, 5 frimaire XII.
(27 novembre 1803.)

« . . . .
Depuis quelque tems une idée trotte fortement dans ma tête ; celle de faire imprimer une collection de mes dissertations philosophiques ; non pour gagner quelque chose, car je ne stipulerai aucun honoraire excepté quelques douzaines d'exemplaires pour en faire des présens. Mais je crois que ce serait un petit livre utile, et qui ne manquerait pas de se vendre.

Après que le bruit et la révolution qu'avoit fait la philosophie de Kant s'est un peu apaisée, il ne sera pas mal à propos de faire voir au public que tout ce que cette philosophie a de bon et de réel dans la partie théorique aussi bien que dans la partie pratique, je l'avois dit, écrit et enseigné avant lui ou à côté de lui, en termes clairs et, qui plus est, que je l'avois fait sans prétendre dire quelque chose de nouveau. Je désirerois pouvoir faire imprimer ce petit ouvrage ici par Heitz, pour lui donner quelque chose à gagner. Mais comme lui n'entend rien à la librairie et qu'il ne s'en mêle pas ; il faudroit avoir un libraire qui en fît les frais ; mais je crains d'en parler à une librairie d'ici et je ne veux rien avoir à démêler avec ces Messieurs : à moins que Levrault et Schœll ne voulussent entrer là-dedans ; mais ceux-ci ne voudroient pas le faire imprimer par Heitz. Si tu crois que Cotta goûteroit la proposition, je t'invite à lui en parler... »

Avant de professer le grec et l'hébreu à l'ancienne Université strasbourgeoise, Jean Schweighæuser avait été, de 1770 à 1778, *professor adjunctus* de Logique et de Métaphysique. Il avait exposé son enseignement sur ces matières dans une suite de dissertations latines, dont les manuscrits sont conservés dans un portefeuille de la collection de M. Mehl. Ce sont les dissertations qu'il songeait à faire imprimer, en novembre 1803, afin d'établir qu'il avait dit, écrit et enseigné, avant ou à côté de Kant, ce que la philosophie de ce dernier a de bon et de réel.

La publication n'eut lieu qu'en 1806, sous le titre : *Opuscula academica seorsim olim edita, nunc recognita, in unum volumen collecta* ; 2 parties, in-8°, Argento. 1806. 6 fr. 50.

Les loisirs et la compétence nous font défaut pour prononcer, en pleine connaissance de cause, entre l'oracle de Kœnigsberg et notre savant mais modeste compatriote : *non nostrum..... tantas componere lites*. Nous nous bornons à donner à cette occasion quelques indications bibliographiques qui ne nous semblent dépourvues ni d'actualité ni de justesse, à l'intention des lecteurs « fin de siècle », pour lesquels le mot « métaphysique » n'est pas un épouvantail.

Dans la *Revue encyclopédique,* t. 47, pp. 297 et s., le très érudit Schnitzler parle en ces termes des *Opuscula,* dans une notice nécrologique sur Jean Schweighæuser :

« Les *Opuscula academica* justement estimés de ceux qui préfèrent le positif dans les théories à de vagues et excentriques spéculations, fournirent une nouvelle preuve de la netteté qui, des idées, était passée dans le langage de leur auteur, en même temps qu'ils déposèrent en faveur de ses sentiments chrétiens et de son attachement aux vérités religieuses. Entre les mains de la jeunesse, ce livre, trop peu répandu, serait de la plus haute utilité . . . .

. . . .

Il assure (J. Schw.) avoir pressenti les idées auxquelles Kant a donné ensuite tant de relief ; il se flatte même qu'en le produisant, il a évité les erreurs contre lesquelles ce grand penseur et ses disciples n'ont pu se prémunir. Cependant il ajoute, et ce passage mérite d'être pris en considération : « Ce n'est pas que je veuille faire entendre que j'aie découvert alors des choses toutes nouvelles ; au contraire, plus, dans la psychologie et la morale, une découverte paraît nouvelle et inouïe, plus elle s'éloigne des idées ordinaires des hommes (de ceux bien entendu qui, ayant réfléchi sur leur nature, savent se rendre compte des notions dont ils ont conscience), et plus aussi elle doit inspirer de doutes sur sa vérité et son utilité. Aussi ne voit-on pas sans étonnement que les hommes qui ne trouvent la philosophie que dans la prétention de s'élever au delà de l'intelligence ordinaire, par un essor qui les porte dans je ne sais quelles régions supérieures ; qui se félicitent d'y reconnaître la vérité tout entière, à l'aide d'une intuition parfaite de la nature des choses, dans ce qu'elle a de plus mystérieux ; que ceux-ci, disons-nous, ne s'aperçoivent pas, malgré toute leur perspicacité, que ce qu'ils ont apporté de ces hauteurs, que ce que tant d'efforts leur ont acquis, n'est autre chose que les rêves et les brouillards d'une imagination en délire, des disputes de mots artificiellement arrangés et ronflant à l'oreille, mais incapables de fournir à l'esprit aucune notion positive, aucune idée lucide ; que, dans le cas même le plus favorable, ils n'ont trouvé que ce que le bon sens lui seul révèle à tout homme attentif à lui-même, révélations qui, sans doute, ont leur utilité, quand elles sont rendues sans affectation dans un langage clair et intelligible, mais qui, enveloppées ainsi d'obscurités factices, présentent les plus grandes difficultés, sans procurer aucune utilité réelle. »

L'*Éloge historique de M. Jean Schweighæuser* (Strasbourg, 1830, in-8°, 30 pages), lu en séance générale de la Société des arts, lettres et sciences du Bas-Rhin, par J.-F. Stiévenart, professeur suppléant à la Faculté des lettres, contient sur le même sujet le passage suivant :

« En 1806, M. Schweighæuser avait rassemblé ses dissertations philosophiques et littéraires sous le titre d'*Opuscules académiques*. A chaque page de ce recueil trop peu connu, la justesse des idées la dispute à leur lucidité : c'est peut-être un des chefs-d'œuvre de la philosophie du bon sens. Oui, je ne crains pas de l'affirmer : si la vérité, si la clarté, sont la première condition d'un écrit sur la métaphysique, les traités de M. Schweighæuser doivent être placés entre la Logique de Condillac et les Leçons de M. Laromiguière. Leur modeste auteur les regardait comme son meilleur ouvrage : était-ce conscience de leur mérite réel ? était-ce prédilection involontaire pour les études qui avaient charmé sa jeunesse ? »

N° 8.

LETTRE DE G. DE HUMBOLDT SUR ROME.

(*Traduction.*)

« Rome est le lieu où se résume, pour nous, toute l'antiquité. Toutes les impressions que nous ont laissées les poëtes et les constitutions antiques, nous faisons mieux que de les retrouver à Rome ; nous les y voyons prendre corps. De même qu'Homère ne peut se comparer aux autres poëtes, Rome ne peut se comparer à aucune autre ville, ni sa campagne à aucune autre contrée. Sans doute, la source de ce sentiment est en nous-mêmes, plutôt que dans les objets extérieurs ; cependant, il ne résulte pas uniquement de cette réflexion que l'on foule le même sol que tel ou tel grand homme. On cède à un entraînement puissant vers un passé qu'une illusion, si l'on veut, mais une illusion irrésistible, nous présente comme quelque chose de noble et d'élevé ; et l'on y cède malgré soi, devant l'abandon où les habitants laissent leur pays et en présence du nombre prodigieux des ruines. Le passé nous apparaît ici avec une grandeur qui éloigne toute idée de jalousie : on est ravi de la sentir et de ne la sentir que par l'imagination. La grâce des formes matérielles, leur majesté et leur simplicité, la richesse de la végétation, sans l'exubérance de celle de contrées plus méridionales, la netteté des contours dans un milieu lumineux, l'éclat toujours radieux des couleurs, permettent d'ailleurs de jouir de cette nature, sans que l'on éprouve le besoin du plaisir plus raffiné de l'art. Partout aussi s'offrent des contrastes, qui se transforment en élégies ou en satires.

« Assurément, ces impressions nous sont spéciales à nous modernes ; Horace aimait Tibur autrement que nous n'aimons Tivoli: son *beatus ille qui procul negotiis!* le prouve de reste.

« N'est-ce pas céder à une autre illusion que de souhaiter avoir été citoyen d'Athènes ou de Rome ? L'antiquité ne doit être vue qu'à distance, comme un passé purgé de toutes vulgarités. Il en est de cela, — du moins pour moi et l'un de mes amis[1], — comme à l'égard des ruines : nous sommes toujours vexés, quand nous voyons dégager une ruine à moitié enfouie. L'érudition peut y trouver son profit ; la perte est toute pour l'imagination.

« Je ne prévois plus que deux catastrophes également affreuses : la campagne de Rome mise en culture, et Rome devenant une ville policée où personne ne jouera plus du couteau. Vienne un pape aussi ami du bon ordre — que les soixante-douze cardinaux nous en préservent ! — et je m'en irai ! L'anarchie dévote de

---

[1]. Sans doute l'archéologue G. Zoëga. (Voir lettre 21 juin 1804.)

Rome, la solitude divine de sa campagne sont indispensables à ces ombres, dont une seule vaut toute la race présente[1]. »

---

1. *Winkelmann und sein Jahrhundert* (par Gœthe). Un vol. Tübingen, 1805, page 408.

N° 9.

LES ÉLÉGIES SUR ROME PAR G. SCHLEGEL ET G. DE HUMBOLDT.

L'analyse de quelques passages des pièces de Schlegel et de Humboldt permettra d'apprécier la distance qui sépare l'œuvre d'un versificateur habile de celle d'un penseur, nourri de la moelle de l'antiquité.

La dédicace de Schlegel « à la baronne de Staël-Holstein, née Necker » est d'une simple et noble inspiration :

> Si tu as aspiré la vie au sein luxuriant de Parthénope, — apprends à connaître la mort devant le tombeau du monde. — Il est vrai, le ciel limpide du Latium sourit à la Terre ; — Rome paraît au pur horizon, sous l'azur sans nuage ; — du haut des sept collines, elle domine la plaine, — depuis la mer jusqu'aux montagnes de la Sabine. — Mais un esprit de méditation mélancolique — ne guide que lentement le voyageur, à travers le labyrinthe des ruines.

Le thème est heureusement indiqué ; le poète ne sait pas le creuser. Il préfère entrer dans une voie plus facile et plus banale, en présentant un exposé de l'histoire romaine. Ce morceau, qui forme plus de la moitié de l'élégie, est relevé par quelques traits brillants ; mais il s'attarde dans la nomenclature, les aperçus originaux, les vues profondes y sont rares ; Humboldt n'a pas tort de le qualifier : *compendium !* Le contraste entre la majesté de Rome antique et la vulgarité de Rome moderne forme la suite naturelle du tableau rétrospectif. Ici, Schlegel accumule les détails matériels et fait intervenir « les bœufs » paissant au pied de l'Aventin, près de l'antre de Cacus, qui choquent si fort son émule ultra-délicat ; déjà, dans un passage précédent, il avait renvoyé à « leurs attelages de bœufs » les dictateurs victorieux !

Le procédé de Humboldt est tout autre. Porté par la grande et mystérieuse idée qui plane sur les sept collines, il dédaigne les vulgarités encombrantes du bagage historique, et s'élevant au-dessus des événements, il s'attache à faire ressortir les services que Rome a rendus à la civilisation. Le nom de Rome est impérissable, parce que Rome est l'image symbolique de la succession des temps, le témoignage immortel de la loi de décadence imposée à tout ce qui est ici-bas. Si son aspect remplit le cœur d'une mélancolie infinie, il réveille les plus splendides souvenirs et fait naître les plus profondes pensées.

Une heureuse transition l'amène à marquer ici le rôle si différent de la Grèce dans le développement général de l'humanité ; on sent vibrer l'âme du philhellène dans ces deux stances (17e et 18e) :

De même que la lueur de Sélène charme après l'éclat d'Hélios, — de même l'esprit se détourne volontiers du glaive sanglant, — de l'altière et belliqueuse lance de l'Héroïne, — vers celle qui, rongée par la douleur, — les boucles de sa chevelure éparses, — est assise à son foyer dévasté, — dont la parure enlevée par une main victorieuse — décore maintenant les hautes murailles de la fière triomphatrice.

Pauvre Hellas, ne t'abîme pas dans ta douleur ! — Relève ton esprit animé par un souffle divin! — Tandis que ta rivale brille dans l'atrium des temples, — tandis qu'avec l'aide de Mars, elle met en ruine les cités, — à toi est réservé un sort plus enviable. — Toi seule, tu as chanté dans le chœur divin des Muses ; — toi seule, tu règnes sur le cœur des humains.

La brillante apparition de la Grèce sur la ruine du monde n'eût laissé que de faibles vestiges, qui seraient perdus pour nous, si Rome n'avait pris possession de ses arts et de sa poésie.

Rome a voulu vaincre et dominer par ses armes et par ses lois. Mais qui veut bâtir un édifice durable ne doit pas redouter de plonger rudement la main dans ce qui est terrestre. Si donc Humboldt cherche à caractériser le génie romain, il mettra en relief les fortes qualités morales : la constance, la vigueur, le profond sentiment religieux qui attache les Quirites au sol sacré, enfermé d'une enceinte par Romulus. C'est à ce point de vue, qu'il résume en six stances substantielles (41° à 46°) la harangue de Camille, dans laquelle Tite-Live fait revivre le patriotisme religieux des vieux Romains et leur foi invincible dans leurs destinées. — C'est par la lutte incessante que Rome a atteint son but ; aussi son nom superbe et glorieux se rattache indissolublement à l'idée de l'empire du monde.

L'esprit de synthèse qui inspire le philosophe l'empêche de s'associer aux lamentations de Schlegel sur la profanation des restes de l'antiquité. Humboldt répond :

Voilà comment, sans plaintes amères, — s'écroulent ici

les nobles ruines. — Comme si elles pardonnaient aux mains des barbares — qui leur ont ravi la splendeur de la jeunesse, — leurs murailles désertes semblent sourire doucement, — sous l'épaisse parure du lierre qui les enveloppe. — Ainsi la semence qui germera l'été, — fait silencieusement place à l'épi de la tige d'automne.

L'habitant moderne tire parti pour ses humbles usages — des beaux chapiteaux sculptés des grandes colonnes. — Sans souci de profaner une création de l'art, — il y dépose ses ustensiles domestiques. — Celui que charme l'instant présent — peut-il entraver le cours rapide des siècles? — Les fleurs qu'ils ont fait éclore — ne doivent-elles pas, en se fanant, disparaître avec eux?

Mais à l'antique domination par les armes en a succédé une autre, qui agit par une attraction céleste. Les rayons de cette seconde gloire pâlissent, il est vrai; mais l'esprit qui plane sur les sept collines ne saurait périr. Rome reste le point central d'observation pour le contemplateur des événements de l'histoire universelle, pour celui qui associe les regrets sur la jeunesse passée du monde aux conjectures sur l'avenir de l'humanité. C'est à Rome, que les méditations sur le changement perpétuel et la décadence inéluctable de toutes choses trouvent un point d'appui pour la pensée qui sait s'élever jusqu'au centre lumineux autour duquel gravite la vie puissante de la nature.

La fin des deux élégies caractérise nettement la nature d'esprit de chacun de leurs auteurs. Celle de Humboldt est calme, philosophique, abstraite :

Ainsi grandirent, protégées par la Divinité, — ces collines, dans le cours des âges. — Ce que le cœur a tenté de plus grand — s'associe à l'éclat radieux de leurs sommets ; — autour d'eux se jouent les destins de l'humanité, — comme la couronne de laurier autour d'un front héroïque. — Tout ce qui retentit dans le monde — n'a-t-il pas, ici, son écho dans le passé ?

Amie, laisse-moi prêter l'oreille à ces échos ! — Que ce qui passe, comme le souffle du vent, — suive sa destinée changeante ; — la volonté du Destin sévère reste immuable. — Laisse fuir le moment présent ! — Seule, la marée des siècles dont les flots éblouissants — baignent les racines profondes de l'humanité — est digne de porter l'Esprit fatigué.

Les derniers vers de Schlegel sont au contraire touchants, émus et personnels :

Je chantais ainsi, au pied de la pyramide de Cestius, — tandis que son ombre se perdait parmi les tombeaux.

. . . .

Instant mélancolique ! Le Dieu du jour à son déclin — retire sa lumière vivifiante, — les formes et les couleurs se confondent, — tout languit et pâlit, tout parle de la vie qui s'échappe ; — aucune espérance ne domine la poussière terrestre. — Les étoiles ne scintillent pas encore ; c'est une trêve entre la vie et l'immortalité ! — Mais quand la nuit sacrée fait descendre ses rayons pleins de promesses, — l'esprit en peine pressent une heureuse renaissance.

Ainsi, noble compagne, m'a touché ton regard consolateur, — comme un doux rayon de la double constellation. — En lui brillent la vérité et ce noble et chaud enthousiasme — qui charme la douleur, même au milieu des larmes. — Celui à qui tu as tendu une main amie ne saurait désespérer, — quand un impie dédain se rit du sentiment. — Ton cœur allie ce qui est délicat à ce qui est profond, ce qui est bon à ce qui est beau ; — tu connais les grâces de l'affection, comme la force de la grandeur. — Tu entoures le poète d'une auréole aux mille nuances ; — ce qui divise les nations n'enchaîne pas ton esprit ailé. — Laisse-moi donc t'écouter, toi qui partages les grandes pensées, — lorsque ta parole éloquente déborde de tes lèvres persuasives ! — Nous parlerons souvent des grands hommes du passé, — des contemporains aussi et des victimes du temps. — Et quand, parmi les sages qui, sans arrière-pensée, ont travaillé pour tous, — nous chercherons un modèle de la plus paternelle douceur, — sévère envers lui-même, indulgent à la haine et à l'ingratitude, — planant comme un ange gardien sur l'humanité, — alors sera béni le souvenir de celui qu'il ne m'a pas été donné de connaître, — de celui que tu pleures éternellement, hélas !

Malgré son élégance et son tour poétique, l'élégie de Schlegel ne donne que l'idée d'une belle amplification, tandis que celle de Humboldt, en dépit de ses abstractions raffinées et de sa versification un peu pénible, n'en est pas moins « véritablement digne de Rome ». Sous sa poésie, circule un feu contenu mais intense qui gagne insensiblement le lecteur, et l'emporte vers les hautes régions où s'alimente l'enthousiasme réfléchi du penseur diplomate. Il y a dans cette pièce, mélange remarquable d'ode et d'élégie, comme un écho de la *Scienza nuova*, dans laquelle Vico esquissait en maître, dès 1725, les grandes lignes de la marche du genre humain.

La philosophie de l'histoire mise en vers peut rebuter même des lettrés ayant commerce avec la Muse, — Humboldt reconnaît que son œuvre n'est pas facile à comprendre. — Un aimable littérateur, Creuzé de

Lesser, ami et correspondant de G. Schweighæuser, semble n'avoir pas goûté l'élégie *Rome*. Il adresse à G. Schweighæuser une épître (inédite) en prose à ce sujet. Nous la reproduisons comme un intéressant spécimen de critique suivant La Harpe. Creuzé nous avertit « qu'il aime la poésie tout comme un autre »; mais il est clair que l'auteur du libretto de *M. des Chalumeaux* ne peut envisager la poésie au même point de vue que Humboldt et Schiller qui la considèrent comme un apostolat.

LETTRE DE AUGUSTE CREUZÉ DE LESSER A M. SCHWEIGHÆUSER, AUX ORMES [1].

Paris, 28 septembre 1808.

Mon cousin, Monsieur, m'a remis l'interessante brochure où vous avez bien voulu mentionner mon voyage en italie. toujours ami de la verité, me fut-elle contraire, j'ai cherché à me convaincre par la lecture du poeme de M. de Humboldt. J'ai trouvé la traduction [2] elegante et harmonieuse : mais vous l'avouerai-je je n'ai pas trouvé une seule raison qui put me faire changer d'opinion. *J'aime la poésie tout comme un autre*, Monsieur, et si jamais je m'avise de faire comme M. de Humboldt un poème sur rome, comme lui je m'etendrai sur tous les souvenirs poétiques que presente cette reine vieillie de l'univers, en cherchant cependant a avoir un peu moins de vague et d'emphase, et il est très possible que

---

1. Donnée textuellement.
2. De G. Schweighœuser.

j'anathematise en vers les opinions les plus raisonnables que j'ai exprimées en prose; mais le lendemain, quand j'aurai fermé cette grande bouche du poete, je rirai avec mes amis de toutes ces exagerations rimées qui ne sont pas plus une preuve, qu'un concert harmonieux n'en serait une. Si même j'avais eu le malheur d'adresser à Rome cette belle phrase de M. de Humboldt, « Jupiter a couronné tes collines de « puissance afin que tu reflechisses comme dans une glace « magique toutes les destinées des humains, » je trouverais fort bon que mes amis me demandassent ce que cela veut dire et je leur avouerais qu'en cherchant l'expression, j'ai un peu oublié la pensée. C'est a cause de notre excessive rigueur sur la justesse, au moins poetique de la pensée, que les étrangers et entrautres (*sic*) les Allemands nous accusent de n'avoir pas de poesie : Dieu nous preserve d'en avoir une pareille. Dieu nous préserve surtout de transporter dans la prose les exagerations et la déraison de la poesie, comme l'a fait l'auteur de Corine, avec un talent d'ailleurs extremement distingué. pour moi, Monsieur, je n'ai point cherché à faire un tour de force en n'admirant rien en italie. Au contraire, j'y admire et quelquefois même avec enthousiasme Saint-Pierre, le Colisée, pompeia, etc : mais j'ai eu peu de respect pour de miserables ruines qui n'ont aucune authenticité, ne meritent aucun interêt, et je ne me suis pas preté aux mystifications trop nombreuses que les italiens menagent en ce genre aux etrangers avec un art très grossier. je scavais (*sic*) très bien que le ton severe de la verité plairait moins que l'eloquence facile de l'exagération, surtout dans un pays ou, de temps immemorial, on est porté a trouver superbe ce qui est eloigné. Cependant la vérité a un merite, c'est de percer peu à peu, et je m'en suis apperçu aux suffrages que j'ai reçus de beaucoup de personnes, surtout de celles qui arrivaient d'italie. Quand je réimprimerai mon voyage, je me propose de jetter (*sic*) un coup dœuil (*sic*) et de dire un mot sur toutes ces admirations si pompeuses et sur ces exagerations si grotesques. En attendant, Monsieur, je vous prie d'accepter un exemplaire de la premiere edition que vous n'avez peut-être parcourue qu'en passant. vous vous assurerez que mon sacrilege sur l'italie n'est pas aussi absolu qu'on (*sic*) voudrait le faire croire, vous me pardonnerez ma severité envers quelques passages de M. de Humboldt, en faveur de l'estime que minspire la plus grande partie de son ouvrage et vous agreerez la consideration distinguée que je porte a son traducteur.

Auguste Creuzé de Lesser.

Nº 10.

LES ANCÊTRES DES HELLÈNES.

Dans son culte pour le génie grec, G. de H. paraît pencher vers l'idée de cette civilisation autochtone qui flattait le fier patriotisme des Hellènes. Il écarte comme « dépourvue de critique » l'hypothèse de la provenance asiatique, indiquée par quelques écrivains grecs. Sa sagacité ne le trompe pas, quand il dénie aux Lyciens et aux Cariens la qualité d'ancêtres des Hellènes; mais elle semble ne lui avoir pas fait discerner le fil conducteur, dans le flux et reflux des migrations qui se sont succédé entre les rives de la mer Égée.

Comprenant ce qu'il y aurait d'anormal dans une civilisation autochtone, E. Curtius, le lumineux auteur de l'*Histoire grecque*, revient à l'origine asiatique — entrevue par le vieux Casaubon, sous le nom d'Ionique — dont les Hellènes avaient la notion, lorsqu'ils parlaient de leur parenté avec les Phrygiens, c'est-à-dire les Pélasges, désignés par Hérodote comme le plus ancien et le plus grand peuple de l'Occident. S'appuyant sur la plus ingénieuse interprétation des légendes et des mythes grecs, E. Curtius montre deux rameaux se détachant d'une même souche pélasgique-phrygienne, à une époque postérieure à l'émigration pélasgique primitive qui a peuplé la Grèce et l'Occident.

En premier lieu, dans l'ordre des temps, les *Doriens* qui, traversant l'Hellespont, vont s'établir dans les montagnes du nord de l'Hellade, d'où ils partiront plus tard pour faire vers le Sud l'invasion connue sous le nom de « retour des Héraclides ».

En second lieu, les *Ioniens archaïques* peuplant le littoral où ils fondent les cités primitives de l'Ionie. C'est de là que leur génie entreprenant, initié à la navigation par les Sémites — Phéniciens, Chananéens, Égyptiens, — les pousse vers la péninsule hellénique qui se trouvera colonisée par eux, au moment de l'invasion dorienne, postérieure à la guerre de Troie.

Le souvenir des premières immigrations, d'Asie-Mineure en Grèce, était confus dans l'esprit des Hellènes; mais celui du reflux d'émigrants, de Grèce en Ionie, occasionné par l'invasion dorienne, était précis chez eux. Comme il avait eu pour conséquence un développement extraordinaire de prospérité des antiques cités ioniques, la vanité des Hellènes se complut à y voir l'ère de la colonisation de l'Ionie, effectuée par eux.

Les qualifications de Lélèges, Dardaniens, et autres semblables, que l'on rencontre fréquemment chez les poètes et chez les historiens grecs, ont une signification vague qui s'applique généralement aux peuplades cantonnées sur le littoral de l'Asie-Mineure. Les Lyciens et les Cariens, en particulier, que leur position géographique avait mis en contact immédiat avec les Sémites navigateurs, sont considérés, par E. Curtius, comme une race hybride, stérile au point de vue de la culture intellectuelle, à qui il refuse, avec G. de H., la qualité d'ancêtres des pures tribus aryennes qui ont fait souche dans la péninsule hellénique.

Peut-être G. de H. aurait-il reproché à la démonstration de Curtius de ne pas être assez « historique » (lettre du 18 juillet 1807 *in fine*). Mais lorsqu'il s'agit d'une période dans laquelle, comme il le dit (lettre du 8 juin 1805), « les événements les plus saisissables ne forment plus qu'un écheveau embrouillé », les conclusions de l'historien voyageur, qui a su combiner les ressources de l'érudition moderne avec les lumières spéciales que procure une exploration approfondie des contrées où s'est épanouie la civilisation grecque, peuvent bien atteindre la valeur des documents.

N° 11.

DERNIÈRE MALADIE DE GUILLAUME DE HUMBOLDT.
LETTRE D'ALEXANDRE DE HUMBOLDT A VARNHAGEN.

Berlin, dimanche, six heures du matin.
5 avril 1835.

« Mon cher Varnhagen, vous qui ne redoutez pas la douleur et qui en scrutez avec sagacité les traces dans les sentiments les plus profonds, vous avez droit, durant cette période de deuil, à quelques mots affectueux de la part des deux frères. La délivrance n'a pas encore eu lieu. Je l'ai quitté hier soir à onze heures et je vais à l'instant le rejoindre. La journée d'hier a été moins mauvaise.

« C'était une sorte d'état léthargique, beaucoup de sommeil sans trop d'agitation; puis, au réveil, des paroles d'amour, de consolation; toujours encore cette lucidité d'un esprit élevé, qui comprend, distingue tout et *éludie son état.*

« La voix était très faible, rauque et grêle comme celle d'un enfant; ce qui obligea d'appliquer encore des sangsues au larynx. Entière présence d'esprit ! « Pensez souvent à moi », disait-il avant-hier, d'un ton enjoué.
« J'ai été très heureux; j'ai eu un beau jour aujour-
« d'hui, car l'affection est le suprême bonheur. Je serai
« bientôt auprès de notre mère, *où j'aurai l'intelligence*

« *des lois d'un monde supérieur.* » Quant à moi, je n'ai plus d'espoir. Je ne croyais pas qu'à mon âge mes yeux eussent encore tant de larmes. Voilà huit jours que cela dure[1]. »

---

1. *Lettres de Alex. de Humboldt à Varnhagen, traduites par* C. P. Girard. Un vol. in-8°. Édition française autorisée. Paris, 1860.

N° 12.

LE DOMAINE DE TEGEL

ET LES TOMBES DE LA FAMILLE DE HUMBOLDT [1].

En 1801, la maison de Tegel, de dimensions restreintes, n'était encore que l'ancien rendez-vous de chasse du Grand-Électeur. G. de H. la fit reconstruire, en 1822, et la transforma en une résidence agréable et commode. « Mon mérite », écrivait-il à ce propos, « est de n'avoir pas imposé mes idées à l'architecte. » Le spirituel châtelain n'aimait pas que l'on décorât sa villa du titre de « château ».

La façade reproduite par notre gravure est celle que l'on voit du parc. Le style est dans le genre italien ; les trois pièces formant le cabinet de travail et la bibliothèque du savant linguiste occupaient, croyons-nous, le rez-de-chaussée du pavillon gauche, celui près duquel paraît une statue de Minerve ; les autres parties du rez-de-chaussée

---

[1]. Les détails qui suivent, recueillis *passim* dans les *Lettres à une amie* de G. de Humboldt et dans les *Lettres de Alex. de Humboldt à Varnhagen*, ont été complétés à l'aide des renseignements fournis par un ami de la famille, M. Hienau, l'obligeant correspondant à qui nous sommes redevables des deux vues de Tegel, photographiées par M. Vogel, inspecteur des forêts.

LE CHATEAU DE TEGEL

étaient affectées aux services domestiques. Le premier étage contenait les appartements privés et les salons; le second, les pièces destinées aux hôtes habituels, enfants et petits-enfants.

Sur la cour d'entrée, la façade principale, de même style, est caractérisée par un avant-corps en forme de rotonde; la chambre à coucher des maîtres de la maison s'y trouvait, au premier.

Le parc, ombragé par des taillis et par des arbres de haute futaie, confine, d'une part, à une forêt domaniale; d'autre part, à des coteaux cultivés d'où la vue s'étend sur le lac de Spandau, parsemé d'îles. Des avenues partant du château, dans diverses directions, ouvrent des perspectives sur les champs et sur les vergers du domaine. L'une d'elles, une allée de cyprès, permet d'apercevoir la sépulture de famille, au-dessus de laquelle se dresse la colonne de granit dont le socle porte l'épitaphe de Mme de Humboldt. Ce monument funéraire, de vingt-huit pieds de haut, construit sur les dessins de Ch. Rauch, est couronné par une statue en marbre de l'*Espérance;* la défunte l'avait commandée à Thorwaldsen, à l'époque où elle habitait Rome en qualité d'ambassadrice. La statue n'arriva à Tegel qu'en septembre 1829, six mois après la mort de Mme de Humboldt. Nous donnons ici une vue photographique du lieu solitaire où repose dans de simples fosses, sans caveau, toute la génération qui a entouré G. de Humboldt et Caroline de Dacheröden.

Le château abrite toujours les marbres et les plâtres que G. de H. y avait disposés avec amour, en souvenir de sa chère Italie. Il est habité actuellement par Mme de Heintz, fille de Mme Gabrielle de Bulow, la quatrième fille de G. de H. Mais le domaine est la propriété indivise de trois mineurs de Bulow, orphelins du seul fils de Mme Gabrielle, mort il y a peu d'années.

LES TOMBES DE LA FAMILLE DE HUMBOLDT

INDEX

DES

NOMS DE PERSONNES ET DE LIEUX

A

Adelung. 178
Agamemnon. . . . 106, 115
Albano. 106, 122, 131, 137, 167
Alexandre (le Grand) . . 148
Alhambra (l'). 28
Alicante. 28
Allemagne. 147, 177
Alsace. 164, 187
Amérique . 23, 122, 168, 179
Andrieux. 58
Anvers. . . . . xxxi, 176, 181
Apennins 72
Appien xxii
Arcueil 111
Argenson (Voyer d'). xxxi, 5, 67, 73, 176, 181
Argenson (Mme Voyer d') . 74
Ariccia 76, 85
Aristophane 116
Aristote 153
Assing (Ludmilla) 193

Asie. 132
Asie-Mineure. . 132, 133, 222
Athénée. . . . . . xxii, 108
Attique xvii
Augsbourg 115
Auteuil 6
Aventin (mont). 72

B

Barbié. 175
Barcelone . . 18, 25, 29, 201
Basques (les). 95, 103, 121, 130
Bast (F. J.). . . . . xix, 102
Bayanne (cardinal de). 149, 154
Bayonne. 199
Berlin . . x, xi, 16, 152, 167, 173, 183
Berlin (Université de). xxxii, 173
Berthollet 111
Biester. xi
Bitaubé . . . . . . xix, 10
Blessig 94
Bohême. 186

Boileau 120	Constantinople 161
Bonaparte (Joseph) . . . 127	Coppet 5
Bonaparte (Lucien) . . . XIX	Coquetot. 31, 38
Bordeaux 199	Cordonc. 19, 22
Boston (hôtel de) XIX	Corinne . . XX, 112, 119, 133,
Breslau 186	134, 219
Broglie (Victor de) . . 67, 74	Cotta 42, 164
Bruch (professeur). . . . 184	Cottin (Paul) 81
Bulow (Henri de) 186	Creuzé de Lesser. . . . 217,
Bulow (Mme Gabrielle de). 228	218, 220
Burgörner . . . . . XVII, 53	Cumana 23
Bürgsdorf (de). . . . XIX, 33	Curtius (E.) . XXVII, 221, 222,
	223
	Custine (marquis de). 183, 191

C

D

Cabanon 31, 32	
Cadix 13, 19, 20	
Caïus Cestius (pyramide de). 72,	Dacherödcn (Caroline de). XIV,
78, 86, 216	XXXI, 171
Cambacérès 197	Dalberg (abbé, baron) . . XIV
Camille 160, 214	Dardaniens 222
Campanie 125	Daunou 81
Campe . . . . . XII, XVI, 120	Delphine 5, 196
Capo d'Istria (comte de). XXXIII	Denon 65
Caracalla (les thermes de). 72	Denys d'Halicarnasse . . . 130
Cariens 133, 222	Démosthène. 130, 138, 139,
Casaubon 221	146, 182
Catalogne 29	Diderot 120, 127
Chardon de la Rochette. 31,	Dietrich (fils du Bon de). . 15
37	Diodore 130
Chateaubriand 120	Distel (Th.) XXXV
Cheron 143	Dohna (comte de) 174
Chine 101	Duchamp (Mlle) 103
Cicéron 51	Dufourny 136
Clootz (Anacharsis) . . . XIX	Dupin (Président) 59
Colmar 6, 26	Duruy 161
Condillac 208	

E

Égypte 101
Engel xi
Engelhardt (M.) 78
Erfurt . xiv, 32, 33, 152, 167
Eschine 139
Escurial 18
Espagne . . xxi, 29, 199, 201
Essler (Fanny) 47

F

Fernow 63
Fichte . . . xxviii, 68, 69, 70
Flavius Arianus 175
Forster xii
Français 119, 120
France. xxxiii, 67, 100, 153, 177, 185
Francfort . . . . xxxiv, 181
Friedland (bataille de) . . xxx
Friedländer xi

G

Garat (chanteur) . . . 103
Garat (comte) 103
Gaspari 30
Gauthier (Mme) 110
Gay-Lussac 111
Gentz (Fréd. de) . . . xx, 47
Gérando . . xix, 6, 13, 49, 53
Gibbon . . . . . xxviii, 147
Girard 225
Golbéry (Ph. de) . xxxviii, 174
Grass (Carl) 63
Grèce . . . xvi, 132, 133, 221
Grenade 18, 25, 28
Grossius 8, 18, 43, 63
Gœttingue xii
Gœthe . . xiv, xvi, 11, 22, 45, 162, 211

H

Halle xvi
Hamann 174
Hambourg 8
Hardenberg (de) . xxxiii, 181
Hase . . . . xix, 92, 93, 110
Haym (R.) . . . . vi, viii, 146
Hedemann (colonel de) . 186
Henault 163
Henrichs 94
Heintz (Mme de) 228
Heitz 204, 205
Hellènes (les) . . . . xvi, 221
Helmsdorff (peintre) . 187, 188
Helvétius 51
Helvétius (Mme) 6
Hermann 197
Herz (Henriette) . . . xi, xvi
Hésiode 116
Heurtier 136
Heyne . . . . xii, 94
Hienau 226
Homère . . . . xiii, 33
Horace 116, 210
Humboldt (Mme de) . . xiv, xx, xxxiv, 193, 199, 227
Humboldt (Adélaïde de) . xxxv, 41, 83, 90, 156, 183, 186

Humboldt (Caroline de). xviii, xxxv, 27, 80, 85, 90, 111, 156, 167, 170, 183, 186, 187, 188
Humboldt (Gabrielle de), 57, 83, 153, 186, 187
Humboldt (Guillaume de, fils). xviii, 19, 80, 84, 87, 89, 155, 171
Humboldt (Gustave de). 123, 141, 154, 155, 156
Humboldt (Hermann de). 170, 183, 186
Humboldt (Louise de). 155, 171
Humboldt (Théodore de). xviii, 9, 19, 30, 87, 90, 92, 98, 111, 123, 156, 167, 169, 183, 187
Humboldt (Alexandre de). I, xxxvi, 23, 98, 111, 134, 168, 224

I

Iéna (ville d'). . . xvi, xix, 13
Inde 177
Ioniens 222
Ischia 187
Italie 71, 176, 185

J

Jacobi. 174
Jacobs (C. F. G.) 142
Jaucourt (marquis de). xix, 127
Jonsius 140
Jordan (Camille) . . . xix, 42
Joseph II. 120

K

Kant. xxi, xxviii, 49, 50, 51, 204, 205, 206
Kawi (langue) . . . vi, xxxvi
Kœnigsberg. xxxii, 169, 179, 205
Kœrner 162
Kohlrausch (Dr). 84, 98, 107, 122, 128, 134

L

La Fayette 73
Laharpe . . 153, 154, 163, 218
Landolini 107
Laromiguière 208
Lauth (Mlle) 185
Lavater 120
Le Couteulx de Canteleu. 37
Lefebvre de Villebrune. . 108
Lélèges 133, 222
Lengefeld (dames de). xvi, 42
Lessing 120
Lenormand . . . 31, 37, 41
Levin (Rachel). xi, xx, 36, 191, 193
Levrault 205
Liège 177
Litta (Cardinal) 150
Locke 49
Londres 183
Ludmilla Assing 193
Lusace (la) 183
Lyciens 222

M

	Pages.
Macé (A.).	81
Madrid	16, 18
Magdebourg	187
Mahomet II.	161
Malaga	28
Mathieu de Faviers (baron).	6, 10, 195
Matthisson.	159, 160
Mayence.	xiv
Mehl (Ch.).	1, 75, 101, 174, 205
Mendelssohn.	xi
Mercier (Sébastien)	120
Metzger.	26, 32, 58, 197
Millin	xix, 51, 93, 101, 149, 154
Miollis (Général).	150
Mirabeau	119
Molina (Alonso de).	180
Montserrat.	29, 201
Morellet.	94, 143
Morel (de Vindé)	xix, 7
Murat	127
Murcie	28
Murillo	21

N

Naples	124, 125, 128
Napoléon.	151
Nicolovius (G. H. L.).	174

O

Oihenhart (d')	52
Ormes (château des).	67, 99, 118

P

	Pages.
Panama	180
Paris.	xii, xxxi, 46, 65, 97, 119, 145, 150, 162, 182
Pastoret	94
Pausanias	130
Petit-Radel.	xix, 101, 135
Pfeffel (Conrad).	14, 94
Philippe (roi de Macédoine).	148, 182
Pie VII.	86
Platon.	70
Pindare	145
Pobnheim (Mme).	81
Polybe.	xxii
Praet (van)	xix, 52
Prusse	xxx, 137
Pyrénées	18

Q

Quatremère de Quincy.	136

R

Rabany (Ch.).	74, 135
Racine.	120
Raphaël.	65
Rathsamhausen (Annette de).	xx, 13
Rauch.	227
Récamier (Mme).	xx
Reinhard (Mme).	34
Reiske.	140
Renfues.	181
Retif (de la Bretonne)	120

Rœderer. . . . . . xix, 127
Rome. xxv, xxviii, 60, 61, 62,
63, 64, 72, 97, 121, 158, 159,
160, 162, 179, 209, 210, 211,
212, 213, 214, 215
Romulus. 214
Ruhnkenius (David) . . . 139

S

Sainte-Croix (baron de). xix, 94, 140, 175
Salmon (don Manuel-Gonzalve). 43, 64
Shakespeare. 39, 116
Scharnhorst. xxxii
Schelling 68, 69
Schick (Gottlieb) 63
Schiller. xvi, xxvi, 13, 38, 39, 42, 45, 48, 66, 160, 161
Schlabrendorf (comte de). xix, 56, 98, 125, 134, 154
Schlabrendorf (comtesse de). 36
Schlegel (les). . . . 46, 101
Schlegel (Frédéric) . 100, 178
Schlegel (Guillaume). 5, 112, 158, 159, 165, 166, 212, 213
Schlözer. . . . . . xii, 132
Schlosser (Frédéric) . . . 174
Schnitzler 206
Schœll 175, 205
Schœpflin 94
Schweighæuser (Jean). xxii, 11, 108, 181, 204, 207
Schweighæuser (Mme Jean). 111, 134

Schweighæuser (Geoffroi). xxii, xxiv, xxv, xxxiv, xxxvii, 5, 31, 37, 56, 58, 67, 80, 92, 94, 99, 101, 110, 119, 164, 165, 174, 175, 181, 185, 194
Schweighæuser (Charlotte). 78
Schweighæuser (Charles). 79
Schweighæuser (Mme Geoffroi). 185
Ségur (l'aîné). 94
Sémites 222
Séville 19, 21
Sickler (F. Cl.). 92, 110, 114, 122, 123, 128, 135
Sierra-Morena. xiii
Spa. 177
Spandau (lac de). . xxxv, 227
Spittler xii
Staël (Mme de). xx, 5, 53, 55, 112, 119, 127, 133, 134, 159, 166, 196, 203, 212
Stein . . . . . . xxxii, 174
Steinthal (H.). vi
Stiévenart (J. F.) 207
Stolberg (comte de). 106, 174
Strasbourg . . . xxiv, xxxiii, 5, 164, 181, 182
Suard. . . . xix, 46, 51, 143
Suckau 174
Suisse. 164
Surville (Clotilde de). xix, 81, 89

T

Talleyrand . . . . xxxiii, 34
Tegel. . . . xxxv, 45, 226
Testaccio (Monte). . . 86, 160

	Pages.		Pages.
Théocrite	116	Vauban (hôtel)	XXI, 37
Thorwaldsen	XXXV, 227	Velleius-Paterculus	162
Thou (de)	52	Velletri	65
Thurot	175	Venise	161
Tibur	210	Vico	217
Tibulle	116	Vienne	XXXII, 175, 176, 177
Tieck (Fred)	34, 42, 52, 64	Villers	XIX, XXI, 48, 49, 50
Tilsitt	XXX, 137	Virgile	33, 116
Tirésias	123	Visconti	101, 136, 187
Tite-Live	160, 161, 214	Vitruve	135
Titien (le)	21	Vogel	226
Tivoli	115, 210	Voss	33, 116
Toulouse	25		
Tribolet-Hardy	18		
Tyrol	115		

W

Weimar	XXI, 13, 33
Wieland	42, 120
Winkelmann	115, 211
Winckler	102
Wolff	XVI, 51
Woltmann (Cl. von)	47
Wolzogen (Mme de)	XVI, 42, 45, 64, 82, 122

U

Ustaritz	103

V

Valence	29
Vanderbourg (de)	XIX, 80, 81, 89, 119, 175
Varnhagen	XXXI, XXXVI, 224
Vater (J. Sev.)	178

Z

Zoëga (Georges)	90, 210

Berlin, 29. Mai, 1812.

Humboldt.

TABLE DES MATIÈRES

	Pages.
Introduction	I à XXXVII
Lettres de G. de Humboldt et de Mme de Humboldt.	1 à 193
Appendice 1. Lettre du marquis de Custine à Rachel Levin (Mme de Varnhagen)	191
— 2. Rappel au service de G. Schweighæuser.	194
— 3. Billet autographe de Mme de Staël à Monsieur de (*sic*) Schweighæuser chez M. de Voyer, rue du Marché-d'Aguesseau, faubourg Saint-Honoré, à Paris.	196
— 4. Lettres de Metzger à G. Schweighæuser	197
— 5. Montserrat en Espagne	201
— 6. Mme de Staël appréciée par G. de Humboldt	203
— 7. Extrait d'une lettre de Jean Schweighæuser à son fils Geoffroi.	204
— 8. Lettre de G. de Humboldt sur Rome	209
— 9. Les élégies sur Rome par G. Schlegel et G. de Humboldt. Lettre de Auguste Creuzé de Lesser à M. Schweighæuser, aux Ormes.	212
— 10. Les Ancêtres des Hellènes	221

		Pages.
Appendice 11.	Dernière maladie de Guillaume de Humboldt. Lettre d'Alexandre de Humboldt à Varnhagen.	224
— 12.	Le domaine de Tegel et les tombes de la famille de Humboldt.	226

ILLUSTRATIONS.

Portrait de Guillaume de Humboldt.	en tête du volume.
Portrait de Mme de Humboldt.	—
Portrait de Geoffroi Schweighæuser	1
Vue du château de Tegel	227
Les tombes de la famille de Humboldt	228
Fac-similé de la lettre originale n° XII.	237

ERRATA

Pages :	Lignes :	Au lieu de :	Lire :
VI	11	les plus marquants	les marquants
VI	12	esprits plus	esprits les plus
XII	5	Schlœzer	Schlözer
XIX	20	Schlabrendorff	Schlabrendorf
XXVIII	12	fins	délicats
33	6 et note	Burgsdorff	Burgsdorf
39	2	Schakespeare	Shakespeare
78	note	épousa	avait épousé
79	note	détruit	détruite
82	8	Wollzogen	Wolzogen
95	note 1	Reisesskizzen	Reiseskizzen
102	note 2, l. 4	connu	rencontré
116	note	Schakespeare	Shakespeare
122	note	*Novissima*	*novissima*
129	2° du bas	incertitudes	incertitudes,
131	17	supprimer le second tiret.	
145	note	Pimdare	Pindare
150	note	accommodemant	accommodement
154	14	Schlabrendorff	Schlabrendorf
158	note	appendice n° III	appendice n° 9
205	2	Levraul	Levrault
213	4° du bas	celle	Celle
214	8	ruine	scène

Nancy, impr. Berger-Levrault et Cⁱᵉ

www.ingramcontent.com/pod-product-compliance
Lightning Source LLC
Chambersburg PA
CBHW070751170426
43200CB00007B/732